Frédéric ROBIN

JE SUIS AGENT DE SECURITE

33 ANS DE SECU EN France

JE SUIS AGENT DE SECURITE

2023- Auto édition

PROLOGUE

Cet ouvrage vient de mon expérience dans ce secteur d'activité. Il doit mettre en lumière les avantages et inconvénients du métier, mais aussi pouvoir donner envie d'exercer bien que cela soit très difficile aujourd'hui d'être APS, Agent de Prévention et de surveillance. Il faut un CQP ADS, de 175 heures de formation, une carte professionnelle délivrée par le CNAPS qui passe en revue tous vos antécédents judiciaires. Cette partie vous sera expliquée vers la fin où nous arriverons à la période des années 2000. Je pense que ce métier peut aider un jeune à démarrer dans la vie ou un ancien à se reconvertir pour aller jusqu'à la retraite, mais il faut l'avouer, ce n'est pas une vocation. Trop de préjugés dans la société, « cow-boy », vigile, fainéant, n'a rien fait à l'école…

Évidemment le gouvernement n'a jamais rien fait pour valoriser cette profession puisque dans les Pôles Emplois, on forçait les chômeurs à passer les fameux CQP APS, pour se débarrasser des cas les plus difficiles. Évidemment, le recrutement dans la surveillance s'est vite fait ressentir. Pas de motivation, abandon de poste…

Vous pourrez me poser vos questions ou vos réflexions grâce à ce mail que je mets à votre disposition.

jesuisagentdesecurite@gmail.com

Je m'engagerai à vous répondre, voire à publier des vérités qui auraient

pu   être   oubliées   ou
déformées dans ce livre.

INTRODUCTION

L'agent de sécurité en France. Quelle profession controversée. Métier dont personne ne parle ! Qui passe incognito dans la société. Pourquoi, au fil des décennies, nous n'avons jamais pu être reconnus comme exerçant un métier à part entière en France.

Nous sommes 200 000 en France à travailler dans la sécurité et personne n'a eu l'idée de témoigner de son métier afin d'éclairer la population. Qui de faire reconnaître comme agents en poste ou futurs candidats.

Cet ouvrage est rédigé en toute simplicité afin de faire découvrir ma longue expérience dans ce secteur d'activité. Il a pour vocation d'ouvrir les yeux de nos donneurs d'ordre, de nos patrons qui ne sont pour la plupart pas, aucunement sur le terrain.

Le terrain, c'est assurer un service le dimanche, durant douze heures, seul, en prenant toutes les responsabilités du site à protéger. Le vrai terrain, c'est cela !

1990

Je m'appelle Frédéric, je
viens d'avoir dix-huit
ans. Je réside en
Normandie, aux Andelys,
le fameux Château-
Gaillard. Je suis
originaire de Gasny,
situé non loin de Giverny,
le fief de Claude Monet,
peintre impressionniste
puis paysagiste ; le
paysagisme fut une de ses
grandes passions.

Nous sommes à quatre-
vingts kilomètres de
Paris. Vous vous rendrez
compte que cette
information sera

importante pour la suite de mon témoignage.

Petite parenthèse : ne me jugez pas sur ma façon d'écrire ou l'utilisation des répétitions, voir des fautes de syntaxe, car j'ai décidé d'écrire le fil de ma pensée. Vous verrez, je pourrais passer d'un sujet à l'autre sans lien, mais une astuce viendra de me revenir et de peur, de l'oublier, je la coucherais sur papier afin que vous ayez toutes les données en main. Nous en parlerons des données. Ces données qui nous pourrissent la vie quotidiennement. Ce récit se veut véridique, mais sans dénigrer ma société qui m'a employé pendant trente années, car je pense que toutes les sociétés se valent avec leurs défauts et qualités. De par mon expérience, j'ai pu construire un réseau où j'ai appris à connaître les méthodes de fonctionnement de plusieurs grandes sociétés de surveillance. Cela peut être bénéfique aux salariés pour peu qu'elles soient régionales ou familiales. Des primes diverses peuvent s'ajouter au salaire de l'agent de sécurité.

Revenons à 1990, je viens de   passer mon BEP Communication, j'ai dix-huit ans et un mois. Mon beau-père qui était un monstre de mon enfance à aujourd'hui me lance   un avertissement. Si tu veux faire des études, très bien, mais tu te débrouilles, car tu es en âge de travailler et hors de question de rester à ne rien faire. En effet, ayant des capacités à l'école, j'avais pensé à faire un baccalauréat en gestion commerciale. Pour cela, il me fallait rentrer dans une école privée pour obtenir une entrée   sans dossier. Évidemment, cela

n'était pas gratuit. Donc
je prends le premier
journal gratuit de la
semaine et je vois une
offre d'emploi du
groupe SPS OUEST NORD
pour devenir agent de
sécurité. Je postule et
me rends dans leurs
locaux. Je fais des tests
écrits de logique et de
mathématiques, je réponds
aux questions et je
repars. Dix jours passés,
je me permets d'appeler
n'ayant eu aucune
nouvelle de leur part. En
effet, ils avaient oublié
mon dossier dans le
tiroir et me proposaient
de passer dans la matinée
pour en discuter. Nous
sommes le 10 juillet 1990,
et je vais commencer le

soir même en formation sur un site d'un grand groupe, de vingt-deux heures à huit heures le lendemain. Dans l'heure de mon passage, j'ai signé mon contrat, j'ai obtenu mon planning et je suis habillé du fameux uniforme ressemblant aux gardiens de la paix avec la casquette qui va bien. Me voilà transporté dans le monde du travail. Je suis tout fier de commencer à gagner ma première paie qui va, je le saurai plus tard m'être bien utile devant l'absence d'aide de mes « parents », entre guillemets, car si vous voulez en savoir plus sur mon parcours infantile, vous pouvez vous procurer mon premier ouvrage « 1972, NAISSANCE D'UN MONSTRE », édité sur Amazon. Pour me déplacer, je n'avais pas encore le permis de conduire, mais je possédais une petite

cinquante MTX assez fiabl e, car il me faudrait parcourir pas mal de kilomètres pour travailler, de nuit, jour, neige, pluie, etc, pour remplir mon planning. Le planning, en 1990, un immense piège pour tous les agents à l'époque. Pourquoi ? Nous sommes payés à l'heure et donc, nous devions faire un certain nombre de services pour espérer faire un SMIC à la fin du mois. Pour ma part, remplaçant un salarié partant en vacances, je ne me suis pas tout de suite rendu compte de la subtilité du planning. En effet, je reprenais le planning du salarié en vacances, et cela, pour juillet et août. Cela devait rester un job d'étudiant pour deux mois à mes yeux. Vingt-et-une heure, me voilà chevauchant mon engin roulant à cinquante, faire vingt-cinq kilomètres pour rejoindre mon lieu de travail où un agent titulaire m'attend pour me former. En bon élève, j'ai amené mon carnet et mon stylo pour prendre des notes et croyais moi, des notes, il va y en avoir. Je vais faire essentiellement des nuits, car en général, l'agent de sécurité remplaçait la standardiste quand elle avait fini sa journée, de manière à avoir une présence en continu sur le site. À Huit, heures le matin, à la fin de notre service, c'était l'arrivée de la standardiste. L'essentiel de mes missions sur le site était de faire deux rondes à vue, fermer et ouvrir les bureaux sauf cerise sur le gâteau, à l'époque aucune contrainte réglementaire pour donner des missions à un agent de sécurité. Mettre en chauffe toutes les nuits, du dimanche à lundi, dix-sept machines en plasturgie afin que la production puisse démarrer à cinq heures. Évidemment, aucune machine ne démarrait de la même manière et j'avais deux nuits de formation pour apprendre les subtilités de leur fonctionnement. À cette époque où il n'y avait pas de portable pour prendre des photos, j'ai dessiné des croquis sur mon carnet, mais j'ai réussi à démarrer ces fichues machines dans les temps. La formation était verbale et vous aviez intérêt à bien écouter, car l'agent ne s'embêtait pas à répéter. Me voilà parti pour faire mes deux mois et dans cette profession, comme vous l'aurez vu, il ne fallait qu'un casier judiciaire vierge que l'entreprise demandait elle-même. Cela pouvait prendre trois mois entre la demande et la réception d'où au début, le fait de voir un nouvel agent qui disparaissait du jour au lendemain. En fait, il avait reçu son casier. Donc pas de CQP, de CNAPS, on pouvait prendre un gars dans la rue, l'habiller et le bombarder sur un site. C'était un site tranquille où il fallait aimer lire afin que le temps passe plus vite.

Pas de télévision, seule la radio était tolérée. La polémique de l'époque était que les gardiens dormaient, mais moi, je n'ai jamais éprouvé le besoin de dormir, car je faisais des grosses journées de sommeil pendant mes repos donc j'arrivais frais au travail. Deux fois, en plus de mon site, on m'a demandé de faire des services ailleurs. Cela me faisait des sous en plus pour financer mon permis et mon école. C'est grâce à des entreprises comme celle-ci que des étudiants ont pu joindre les deux bouts pendant leurs études et je ne peux que leur en être reconnaissant. Mon premier mois, j'ai touché quatre mille francs et le deuxième six mille huit cent francs avec l'indemnité de fin de mission et les congés payés. J'étais content et j'avais été sérieux dans mon travail. Jamais un retard, une absence, disponible pour travailler. Pour moi, c'était fini après avoir pris mon solde de tout-compte en septembre. Je pouvais retourner à l'école où j'avais réussi à m'inscrire et je commençais mon permis de conduire qui allait être

très   long   à
obtenir (snif). Mais   un
soir, le 10 novembre de
la même année, j'ai reçu
un appel de la société
qui   me   demandait   si
j'étais   disponible   pour
travailler les week ends
et jours fériés, avec les
vacances   scolaires. Bien
sûr,   je   saute   sur
l'occasion et me voilà le
11   novembre (le   jour
férié payé double.),   je
démarre   un   nouveau   site
d'équipements
automobiles. Site   immense
et   très   connu. Cela
ressemble à un immense
magasin de cent mètres de
large sur deux cents de
long et quinze mètres de
hauteur. Le   site   est
équipé   des   derniers

systèmes électroniques sur le marché et la ronde, nouveauté pour moi, est pointée avec le fameux GCS Escort. Vous savez l'appareil qui finissait aux micro-ondes lorsque l'on ne voulait pas faire les rondes. Me voilà parti pour faire des services tout au long de l'année. Là, cela va être dur, car je n'aurais jamais de planning à l'avance. En effet, tous les mois, ils m'envoient un planning vierge et je le remplis au fur et à mesure des appels. C'est là que le paiement à l'heure a ses limites. En effet, à l'époque, la société de surveillance ne devait planifier que cent vingt heures par mois pour un titulaire et après, il était corvéable à merci pour espérer avoir un SMIC. Le turn-over était important, car la situation financière pour un CDI était minime. En plus, cela, on ne le disait pas, mais c'était un chantage aux heures, car si un salarié disait trop souvent non aux demandes de service, on le passait à cent vingt heures. Pour ma part, je notais mes services sur un carnet que j'envoyais tous les débuts de mois. Ils me faisaient confiance. Mais c'était dur, des appels à deux heures du matin pour une alarme en panne, un magasin qui a été cambriolé, incendié. Le pire, c'était le salarié qui ne venait pas et ne prévenait pas. À Sept, heure du matin, il fallait faire vite pour relever le collègue qui avait fait douze heures et voulait aller se coucher. C'était la course, toilettes, petit déjeuner, repas du midi et la route. En général, j'y étais dans l'heure qui suit. À force de remplacer partout, j'ai fini par connaître une dizaine de sites différents, disséminés dans l'Eure et on commençait à me donner un planning avec des services programmés à l'avance. Par exemple, je faisais tous les dimanches de jours, de toute l'année sur un site historique à dix kilomètres de chez moi. Oui, car il y avait la distance aussi. Cela la société avait tendance et l'a encore aujourd'hui, à ne pas en tenir compte. Pourquoi envoyer un salarié à cinquante kilomètres alors qu'il a un site à cinq kilomètres ? Cela engendre des frais de route énormes et des retards conséquents au moindre embouteillage ou accident. Les voitures ne sont pas en état pas de parcourir tous ces kilomètres puisque les salaires ne sont pas mirobolants dans la profession, surtout à cette époque-ci. Évidemment, les frais kilométriques étaient rarement remboursés bien que certains privilégiés touchaient cette prime mensuelle liée aux kilomètres. Je dois avouer que plus tard, j'ai eu droit à une prime mensuelle pour me rendre à mon travail, mais je fais quatre-vingts kilomètres, du lundi au vendredi, soit mille six cents kilomètres sur quatre semaines. Donc, pendant deux et demi, je m'étais fait mon petit trou et mon employeur était très content de moi puisque, jamais absent, ni en retard malgré mes déplacements en mobylette jusqu'en février mille neuf cent quatre-vingt-douze. J'arrivais à me faire un petit SMIC tous les mois avec certains mois plus gros que d'autres puisqu'il y avait les vacances et la période de Noël, avec les jours fériés lors desquelles les entreprises faisaient les ponts donc avaient recours au gardiennage.

1992

Année terrible pour moi, je perds mon frère qui a 21 ans. Je le retrouves mort dans notre chambre commune, à mon réveil. Je connais mon premier arrêt de travail pour les obsèques et mon moral. Pendant ses deux ans et demi, j'ai pu faire mes études et j'avais tout le temps pour lire et faire mes partiels. C'est grâce à ce métier que je suis tombé amoureux de la lecture. Je pouvais lire jusqu'à quatre livres par week end. Tout ce qui me tombait dans les mains, je le dévorais. Le temps est très long lorsque vous faites des services de douze heures, les samedis et dimanches. Par chance, les CE avaient leurs propres bibliothèques et ils me laissaient lire leurs ouvrages. Parfois les plus sympathiques, me laissaient accès à la vidéothèque. Les fameuses VHS et là, j'en ai regardé des films. Mais bon tout n'était pas rose puisque à force de travailler en décalé, je ne voyais plus mes amis, qui eux, allaient faire la fête le samedi soir. Les soirées de Noël et du jour de l'An, je les ai passées seul, dans des locaux vides. Je n'avais pas de vie sociale. Pas le choix, devant le manque d'attention de mes parents, je devais me débrouiller seul dans la vie. Je n'en suis pas mort. J'ai obtenu mes diplômes et mon permis. J'ai pu enfin aller travailler en voiture au sec et au chaud. Vous n'imaginez pas le bonheur d'aller travailler dans des bonnes conditions.

Comme je vous le disais en début d'ouvrage, je ne juge pas nécessaire de nommer les clients pour lesquels j'ai preste, mais à force, je commençais à me constituer un petit carnet d'adresses qui pourrait me servir plus tard. Je n'ai jamais rencontré de difficultés lors de mes services, mais des clients autoritaires, lunatiques,

sympathiques, là, il
fallait être très calme
quant à leurs demandes.

J'étais toujours à mon
agence de Vernon, en
juillet mille neuf cent
quatre-vingt-douze quand
celle-ci fut fermée et
fusionna avec l'agence
d'Evreux, mais comme je
faisais tous les
dimanches sur site, je
fus automatiquement
transféré dans les
effectifs d'Evreux. Cela
ne changeait rien pour
moi sauf que mon agence
se trouvait, dorénavant à
Evreux.
L'agence de Vernon avait

perdu trop de clients
sauf le mien que l'on a
gardé pendant cinquante
ans. C'est moi qui ai
rendu les clés en deux
mille dix-sept, à mon
client que je connaissais
depuis vingt-cinq ans.

1993

Cela fait trois ans que je travaille en tant qu'étudiant, avec une montagne de CDD dans mon classeur papiers. J'ai fait de tout, des surveillances de château abandonné (les voleurs prenaient les ornements des cheminées et autres reliques.). Je me retrouvais dans une voiture, sans eau, ni électricité pendant des week ends entiers. Pas de toilettes, juste une radio pour contacter la télésurveillance toutes les heures. J'ai surveillé des foires, des magasins cambriolés, des commerces incendiés, des soirées étudiantes, des jardins. En fait, tout ce qui tombait, sur le fax de l'agence, jours et nuits, on m'appelait pour faire le service. Je dois reconnaître que ce job m'a permis de m'acheter ma voiture, l'assurer, payer une pension à mes parents, mais cela m'empêchait de prendre un studio afin de me couper de cette famille qui ne voyait en moi qu'un carnet de chèques. Pourquoi ? Eh bien, il me restait après avoir eu mes diplômes à faire mon service militaire obligatoire d'où l'impossibilité de prendre un logement donc j'avais été bloqué pour prendre mon indépendance. Nous arrivons au mois de novembre 1993 où le petit courrier d'incorporation arrive. Je préviens donc ma société de prévoir mon remplacement pendant dix mois, durée du service. Je suis incorporé à Châteauroux, mais j'avais eu un grave accident en juillet 1993 et me voilà exempté par un état général moyen (G 5 pas P 4, je précise). Donc quinze jours après, me voilà rendu à la vie civile et comme j'avais mes diplômes, je suis partie m'inscrire à l'ANPE qui m'a annoncé que je n'avais droit à aucune indemnité puisque j'avais rédigé une lettre de démission pour mon employeur. J'ai rétorqué que j'avais seulement prévenu de mon absence mon employeur, par courtoisie. Mais non, cela était une démission. Pour ma part, je voulais travailler dans mon domaine d'études, mais nous étions en 1993, grave crise économique que la France a connue, à cette période. Quelques jours plus tard, le téléphone a sonné et c'était ma société qui, sachant mon retour, me proposait un emploi, toujours en CDD, dans un grand groupe pharmaceutique, à

Evreux. Je devais surveiller la construction d'un nouveau bâtiment. Mon poste était détaché du poste de garde principal qui assurait la sécurité, toute l'année. Le plus gros client de l'agence à l'époque avec quarante agents et hôtesses, avec un chef de poste. Les niveaux hiérarchiques n'existaient pas. Vous aviez l'agent, l'hôtesse d'accueil et le chef de poste, voir le chef d'équipe. J'étais jeune et sans obligations quand je suis arrivé sur le site. J'étais disponible et après mon CDD sur le chantier, le chef de poste me proposa de rentrer dans l'équipe titulaire en place. La formation durait 140 heures et devait être validée par la responsable sécurité du site. La formation très difficile à assimiler tant le niveau de qualité et contrôle de la sécurité était élevée. Toujours est-il que j'ai été qualifié pour commencer un nouveau poste à Evreux. Nous travaillions à trois par nuit, ce qui me changeait de toujours être seul à faire mes services. Le travail principal propre à tous les sites est le contrôle des points névralgiques par des rondes, des interventions sur l'incendie, intrusion et technique. Le secours à personne est le plus difficile, le contrôle d'accès où il est hors de question de laisser pénétrer une personne étrangère dans l'enceinte de l'usine. Le contrôle d'accès est toujours difficile, car il est physique et on retient les personnes pour des vérifications obligatoires. Ces mêmes personnes qui n'ont pas, évidemment jamais le temps de se prêter à ces contrôles, mais ils sont indispensables en cas d'évacuation sur des points de rassemblements, pour le comptage du personnel en cas d'incendie, intoxication.

Je commençais à me stabiliser sur un poste malgré la distance car je devais parcourir quatre-vingts kilomètres, aller-retour, mais le travail était intéressant, mieux payé, car le client versait une prime horaire et offrait une prime de fin d'année non négligeable. Le salaire valait le travail. Le niveau de travail demandé par sites n'a jamais été le même et il pouvait varier d'un à cinq. Cinq étant un nombre élevé de missions par service à effectuer. Dès le départ, un agent de sécurité est dans la collecte de données. Cela bien avant l'ère informatique. J'ai pu avoir jusqu'à sept registres sur mon bureau que je devais compléter durant le service. Le pointage des sociétés prestataires, les visiteurs, le personnel entrant ou sortant après telle heure, la main courante client et société de surveillance, les clés, les visiteurs, les rapports, les consignes temporaires… Nous ne faisions que collecter des données à longueur de nuit ou journée. Inutile de vous dire que nous pouvions lire de tout, avec des fautes énormes d'orthographe, mais aussi de très belles écritures, sans fautes, propres. Je m'acclimatais bien à ce nouveau travail qui me permit d'avoir une vie sociale plus précise. En effet, avoir un planning, tous les mois, était pour moi une avancée positive. Je pouvais sortir, prévoir, prendre des rendez-vous… Malgré cela, je comptais trouver un travail plus gratifiant et dans mes compétences, dans un avenir proche. Mes calculs étaient précis. Avec ce salaire, il me serait difficile de payer un loyer, une voiture et toutes les charges fixes mensuelles et qu'il me reste, à peine, de quoi vivre. Mes collègues d'ailleurs s'en plaignaient souvent. Le manque de reconnaissance et d'argent. Nous sommes en 2023 et toujours pas de treizième mois, c'est honteux.

1994

En mars 1994, le chef de poste tombe gravement

malade et va devoir rester en arrêt-maladie un long moment. Il pense à moi, pour le remplacer, par intérim, durant sa convalescence. Je me retrouve propulsé à la tête d'une équipe de quarante personnes, à gérer notre plus gros client en termes de chiffres et de ressources.

J'avais quelques notions de management, mais je dois avouer qu'un petit nouveau, de vingt-deux ans, arriviste, n'a pas fait que des heureux dans l'équipe. Certains pensaient être légitimement, de par leur ancienneté, être prioritaires pour le remplacement. Toujours est-il, avec l'aide de la Directrice d'agence, je commençais mes nouvelles fonctions avec beaucoup de dialogues et d'ouvertures afin de rassurer les équipes. Dès le départ, et je ne changerai jamais, j'impliquerai toujours mes équipes face aux problèmes, mais aussi pour les bonnes nouvelles. Je défendrai au mieux, avec impartialité, les agents ayant du mal à s'intégrer sur un site.

Hélas, je devrai quelquefois me faire une raison pour demander des sanctions réglementaires si vraiment la personne est de mauvaise foi et laisse faire ses missions par ses collègues. J'ai toujours essayé d'être juste, mais jamais au détriment des collègues.

En aucun cas, je ne laisserai mettre en péril le contrat à cause d'un élément
perturbateur. J'ai plusieurs fois demandé des mutations sur des sites moins difficiles, car je savais qu'un agent y aurait sa place. Je me retrouvais avec un client très rigoureux sur la qualité de sa sécurité. J'ai appris à rédiger des consignes, à passer des messages, à

mettre en garde ou à féliciter aussi. Cette équipe avait un très haut niveau et j'aimerais rétablir une vérité sur l'agent de sécurité. Dans les années quatre-vingt-dix et deux mille, plus de la moitié des agents avaient le bac, le niveau bac ou sortaient d'écoles universitaires. Arrêtez de penser qu'un agent de sécurité n'a jamais travaillé à l'école, c'est une idée reçue. Les agents de sécurité ne viennent pas au travail avec une musette, le pain, le saucisson et un litron de vin. C'est du jamais chez moi en trente-trois ans de sécurité. Un agent de sécurité ne fait pas les nuits pour dormir. Des spécialistes de la nuit sont planifiés à l'année, car ils ont plus de mal à accueillir du public la journée et à s'ouvrir. Donc, en tant que planificateur, je me dois de prendre en considération les demandes de chacun et chacune. L'agent de sécurité n'est pas un « gardien » avec son trousseau de clés. Ce n'est pas un concierge. Il est là pour votre sécurité et sécurisé vos moyens de production afin que chaque jour, que Dieu fait, vous puissiez vous rendre à votre travail, en toute quiétude. Combien de fois, j'ai pu voir des agents de sécurité éteindre des fers à souder, des machines, des cafetières et radiateurs mobiles que les salariés n'avaient pas coupés sur leurs postes de travail et qui auraient continué de fonctionner du vendredi soir au lundi matin si ces agents de sécurité n'avaient pas fait leur mission. Économies d'énergies, risque incendie, perte de chauffage, robinets d'eau laissés ouverts…

Par notre présence, nous faisons économiser beaucoup d'argent aux entreprises. En matière d'écologie, nous vérifions les installations et assurons les alertes en cas d'avaries

rencontrées. Nous sommes les yeux et les oreilles du client quand il n'est pas là. Un respect et une confiance sont les qualités premières pour qu'une prestation se déroule dans le meilleur des mondes. Sans cette confiance, aucune possibilité de savoir si des consignes seront bien appliquées.

Pour en revenir à mon poste de responsable, j'arrive à instaurer une bonne entente dans l'équipe, malgré quelques événements graves survenus pendant la durée de mon poste. Le suicide d'un collègue que nous n'avions pas du tout vu venir, la souffrance alors que nous l'avions vu la veille. Pendu dans sa cuisine, laissant un bébé et sa femme. Il avait vingt-trois ans. C'est là, que j'ai commencé à voir la souffrance au travail. Tous les jours, des femmes et des hommes viennent travailler, avec le sourire demandé, mais sans que l'on sache les malheurs qu'ils peuvent rencontrer dans leur vie personnelle.

La seule façon qui m'était donné de créer une bonne ambiance était de discuter et de prendre en compte les demandes diverses. J'avais réussi à faire un planning qui contenta tout le monde. De ce fait, j'avais moins d'absences et je n'hésitais pas à faire des nuits avec des samedis et dimanches alors que mes horaires étaient de seize heures à minuit, du lundi au vendredi. J'avais négocié des frais de route, car je faisais mille six cents kilomètres par mois pour assurer mes services. Mon Chef de poste titulaire atteint d'un cancer de la gorge, à cause du tabac consommé pendant des longues nuits de surveillance. Il est

décédé quelques mois plus tard. À savoir que les agents de nuit, connus dans les années quatre-vingt-dix, fumaient et buvaient énormément de café afin d'assurer toute la nuit.
J'avais réussi à remettre de la stabilité sur le site jusqu'au jour de mon départ, en mai 1995.

1995

En avril 1995, j'apprends par la rumeur qu'un nouveau site est en cours d'obtention d'agrément dans notre agence. Dans le même temps, le groupe se fait racheter par un leader mondial de la

surveillance,
l'entreprise suédoise aux trois
points. Professionnalisme, intégrité et esprit de service sont les explications des trois points rouges. Cette société était principalement implantée dans le sud de la France et rachetant SPS, elle acquiert une centaine d'agences sur tout le territoire national. Nous voilà donc sur les changements de tenues et de logo qui pour nous ne changent rien en ce qui concerne nos avantages.

Énorme changement dans la profession, en 2000. Grâce à Madame

AUBRY et à sa loi sur les trente-cinq heures, nous sommes enfin mensualisés et non plus, payés à l'heure. Plus de chantage aux services et surtout une rentrée d'argent fixe et mensuelle. Enfin, nous pouvions souffler de ce côté-ci.

Donc me voilà à demander à ma Directrice, de l'époque, qui fut pour moi une des meilleures Directrices que j'ai eu l'occasion de connaître pendant ma carrière. Elle a su être présente et me faire confiance dans mes décisions futures et innovantes. Celle-ci m'a avoué qu'elle m'avait déjà sélectionné pour ce nouveau site et le poste titulaire de responsable, Chef de poste. Mes conditions de travail allaient s'améliorer de façon positive, car le site était situé à dix kilomètres de chez moi et il n'y aurait pas de nuits et de week ends de surveillance. Vous avez bien entendu, c'était le début de l'optimisation financière décidée par les sociétés de surveillance afin de garder leurs clients, tout en leur baissant la facture mensuelle.

L'OPTIMISATION

Cette forme de sécurité mérite un paragraphe afin de bien comprendre les enjeux d'une optimisation de surveillance. Pour ma part, comme il est décidé, je suis contre ce procédé qui est de diminuer les heures de nuits et week ends, en les remplaçant par de l'électronique (caméras, contrôle par badges et systèmes d'alarme intrusives et techniques). Je suis contre, car cela détruit des emplois et surtout, les délais d'intervention sont très longs puisqu'ils sont assurés par des agents mobiles pouvant se trouver à cinquante kilomètres du site quand l'alarme est déclenchée.

Tout comme la protection d'un agent en

difficultés, ayant un émetteur de protection du travail isolé, ne se verra secourir qu'au bout de quarante minutes voir, deux heures. Je l'ai constaté sur des déclenchements de PTI en temps réel. Deux heures trente à attendre, avec à la fin, un appel de l'intervenant qui ne viendra pas, car il ne connaît pas le site…

Il faut revoir ce système d'alerte, car nous n'assurons aucunement la protection de nos agents. Oui, c'est réglementaire, mais je pense que ce sont des agents en astreinte, une semaine sur deux, formés

sur cinq sites qui
devraient intervenir, car
ils connaîtraient les
lieux, les chemins de
ronde et surtout
l'utilisation des
logiciels en vigueur. Les
rondiers ne sont pas du
tout formés à tous ces
critères. Donc, même
s'ils trouvent le site,
ils se perdent dans les
bâtiments et surtout ne
connaissent pas les
risques liés aux
sites. Cela pourrait
provoquer des surs
accidents inutiles. Les
astreintes feraient un
plus, au niveau financier,
pour les agents et tout
le monde serait rassuré.
Donc l'optimisation
démarre lorsqu'un client

organise une réunion avec les acheteurs clients et les dirigeants de la société de surveillance. J'ai assisté à une de ces réunions et je dois avouer été médusé par les propos échangés lors de ces rencontres. Un acheteur qui explique à mon directeur qu'il peut virer l'équipe d'anciens agents en place pour les remplacer par des coefficients 120, sans ancienneté. Vous pourrez baisser la facture de plusieurs pourcentages. Évidemment, hors de question, ce jour-là, de faire cela. Je suis sûr qu'ailleurs, cela se pratique. J'ai même vu des clients qui souhaitaient juste voir des nouvelles têtes à la sécurité, sans se soucier que l'on jouait avec le travail de personnes œuvrant depuis de longues années chez ce client.

Revenons à ma nouvelle affectation qui va le rester, je vous l'assure, vingt-huit ans, chez le même client qui est une grande entreprise, à fortes valeurs ajoutées, comptant environ cinq cents salariés, sur plusieurs dizaines de milliers de mètres carrés, en surface couverte. Pendant vingt-huit ans, je vais créer

une relation de confiance
avec mes correspondants
et mon équipe.

1995 (SUITE)

Me voici convoqué chez
mon nouveau client, avec
ma directrice et une
partie de l'équipe qui
assurera la
prestation. Cette réunion
a pour but de me
présenter notre nouveau
client et aussi de me
présenter, moi, comme
nouveau responsable de
poste. J'écoute avec
attention les modalités
de surveillance et je
serai offert, donc non
facturé, au client, sur
mes fonctions de
responsable. Évidemment,

je fais des services comme tout agent de sécurité. Je le ferai toute ma vie d'ailleurs. Je ne me suis jamais planifié en semaine jour, mais j'ai toujours assuré des nuits et week ends, jours fériés, des jours de l'an, des ponts. Je pense que pour demander des choses impossibles à mes agents, je dois le faire aussi. Les grandes lignes pour mon nouveau poste sont deux postes de sécurité, un principal et l'autre secondaire, du lundi au samedi matin, en équipe matin ou après-midi. Pas de nuits ni de week ends puisque le système d'alarme, qui a coûté plusieurs centaines de milliers de francs prendra le relais, en dehors des heures prestes. Seule particularité et non des moindres, faire les astreintes, nous-mêmes, sur les alarmes. Les rondiers ne le feront pas. Moi et mon collègue du poste principal qui assureront ces astreintes, une semaine sur deux. Et là, autant vous dire, que la fatigue que je vais ressentir pendant mes deux premières années sera colossale. J'ai été l'un des premiers à m'équiper d'un téléphone portable, en 1994, le fameux « Ola -ITINERIS », d'Alcatel. Vous vous souvenez, deux heures de forfaits pour deux cents francs par mois et un matériel à cinq cents francs. Pour assurer ces astreintes, nous fûmes équipés de « Bip Opérateur ». Il fallait envoyer l'alerte via un 08, et inscrire le numéro à rappeler, mais je n'avais pas de téléphone fixe, de façon permanente, chez ma mère qui venait de se séparer de mon beau-père. D'où l'achat du GSM qui me fut bien pratique pour la vie professionnelle et personnelle.

Donc nous faisions de quatre heures trente à midi quarante-cinq et de midi quarante-cinq à

vingt-deux heures quinze du lundi au vendredi. L'agent de l'après-midi était alors d'astreinte, du lundi au lundi, puisqu'il pouvait au moins dormir de quatre heures trente à onze heures, car son collègue du matin était sur place. Le samedi, de quatre heures trente à treize heures quinze pour le poste principal et secondaire. Le poste secondaire faisait six heures quarante-cinq à midi quarante-cinq et midi quarante-cinq à dix-neuf heures quarante-cinq. Nous devions recevoir une formation accélérée par l'entreprise
sortante. Nous avions

proposé aux agents en place d'être repris, en accord avec l'annexe 7, qui stipule qu'il est obligatoire de proposer au personnel en place de continuer à travailler sur le site, mais en changeant de société. Tous, ont refusé cette proposition et ils avaient décidé de ne pas former le personnel de l'entreprise

entrante. Pour moi, cela était vraiment bête puisque dans l'avenir, nous aurions pu être dans la situation inverse et devoir former une entreprise

entrante. Toujours est-il que je ne me suis pas laissé aller, j'ai demandé à mes agents de bien regarder les missions des agents en poste puisque notre présence était autorisée dans les postes. Le 2 mai 1995, je démarre, moi-même, le poste du matin, seul, le trouillomètre à zéro. J'ai vingt-trois ans, un petit con, comme on dit en Normandie, mais je me mets à démarrer mes missions en suivant mes notes. Tout est à faire. Création du LMC, Livre des missions et des consignes, la bible, comme je l'appelle. Petite parenthèse sur les consignes permanentes. Permanente v eut-dire que la consigne est actée, validée, par le client et la direction de la société de surveillance. Elle reste valide sur une longue période. En général, elles sont validées tous les ans par les parties prenantes. Une de mes missions principales est de toujours faire en sorte qu'elles soient à jour. Je tiens à faire comprendre à tout nouveau candidat dans la sécurité que vous ne trouverez jamais la réponse précise dans un LMC. En effet, un LMC est une base vous apportant l'aide nécessaire pour chaque risque connu sur le site. Vous devrez toujours faire preuve d'analyse face à un problème. Évidemment, il est indispensable de connaître ces consignes. À défaut d'informatique, je devais faxer ou aller à l'agence pour rédiger, suivant une trame précise, ces dites consignes.

Nous arrivâmes malgré tout à assurer les prestations, mais rien n'avait été entrepris auparavant par la société sortante. Plusieurs agents de mon équipe n'ont pas voulu rester sur ce site qui était compliqué à leurs yeux. En effet, nous avions une contrainte de taille dans le cahier des charges : ne pas recruter de nouvel agent, sans que celui-ci n'ait effectué six mois en interne dans l'entreprise de surveillance sur un autre site. Nous étions obligés de demander à notre personnel en place, ailleurs, de se déplacer sur mon site. Le problème est que les arrivants voyaient la différence de missions, en rapport avec leurs sites respectifs, avec pour le même salaire, voir plus de route, plus de travail. Plusieurs années ont été nécessaires pour commencer à constituer une équipe fiable. Pourtant, je déroulais le tapis rouge lorsque je voyais un agent motivé se présenter. Planning à la carte et assistance de ma part si des soucis étaient rencontrés par la nouvelle recrue. Je faisais déjà les plannings à la main, que j'envoyais par courrier à l'agence afin de finaliser ceux-ci.

LA PLANIFICATION

- <u>Avenant n° 1 du 23 septembre 1987 (se substitue à l'accord du 1er juillet 1987) (1)</u>

L'année civile va du 1er janvier (0 heure) au 31 décembre (24 heures) ;

Le mois civil va du premier jour du mois (0 heure) au dernier jour du mois (24 heures) ;

La semaine civile va du lundi (0 heure) au dimanche (24 heures) ;

La journée civile va de 0 heure à 24 heures ;

Dans le présent texte, les termes année, mois,

semaine, jour sont
définis comme ci-dessus,

Il a été convenu ce qui
suit :

Le présent accord
s'applique aux
entreprises de prévention
et de sécurité visées à
l'article 1er de la
convention collective
nationale des entreprises
de prévention et de
sécurité du 15 février
1985.

Tous les salariés, quelle
que soient la nature ou
la durée de leur contrat,
relèvent du présent
accord.

   • La nécessité du
     service évoquée dans

le préambule rend impossible de faire effectuer 39 heures de travail par semaine par des services identiques. Ces services sont de durée variable, différentes de 7 heures 80 centièmes par jour.

Les parties conviennent en conséquence de permettre la définition du cycle dans les conditions suivantes :

2.1. Organisation du travail

La durée du travail dans les entreprises peut être organisée sous forme de cycles de travail d'une durée maximale de 8 semaines.

À titre indicatif, les cycles suivants peuvent être mis en place :

- 3 semaines à 36 heures, 1 semaine à 48 heures ;

- 1 semaine à 32 heures, 1 semaine à 40 heures, 1 semaine à 44 heures ;

- 3 semaines à 44 heures, 1 semaine à 36 heures.

La répartition de la durée du travail à l'intérieur du cycle est déterminée par le planning de service ; elle se répète à l'identique d'un cycle à l'autre.

Toutefois, les
entreprises ou
établissements qui auront
réparti la durée du
travail sur une période
de 4 semaines constituée
de 3 semaines à 36 heures
et de 1 semaine à 48
heures pourront, au sein
de chaque cycle, déplacer
la semaine de 48 heures,
sous réserve d'en avoir
informé les salariés dans
le délai prescrit au 2.3
ci-dessous.

2.2. Décompte des heures
supplémentaires et
modalités de paiement au
mois

Décompte des heures
supplémentaires dans le
cadre du cycle

En vertu des possibilités ouvertes par la loi n° 87-423 du 19 juin 1987, sont considérées comme heures supplémentaires celles qui dépassent la durée moyenne de 39 heures calculée sur la durée du cycle, et ce quelle que soit la durée du cycle.

Modalités de paiement au mois

Les salariés bénéficient des dispositions relatives à la mensualisation. En conséquence, lorsque la durée moyenne du cycle est au moins égale à 39 heures, leur rémunération sera calculée sur la base de 169 heures normales.

En toute hypothèse, les heures supplémentaires décomptées suivant la règle fixée au paragraphe précédent s'ajoutent à cette rémunération.

2.3. Contrôle et modification de l'horaire de travail

Les plannings de vacations seront établis par référence aux cycles.

Toute modification ayant pour effet de remettre en cause l'organisation du cycle doit être portée à la connaissance des salariés par écrit au moins 7 jours avant son entrée en vigueur (1).

En cas d'ajustement ponctuel de l'horaire de

travail justifié par des nécessités de service se traduisant par des services ou heures supplémentaires, le salarié doit en être informé au moins 48 heures à l'avance. Son refus pour raisons justifiées ne peut entraîner de sanctions disciplinaires.

Les délais prévus ci-dessus peuvent être réduits à condition que le salarié concerné y consente. En cas d'accord de gré à gré, il est recommandé de formaliser cet accord par écrit.

Toute modification effective du planning ne remet pas en cause l'application des dispositions du présent accord.

(1) Alinéa étendu sous réserve de l'application de l'article 3, alinéa 2, du décret n° 87-897 du 30 octobre 1987 (arrêté du 15 décembre 1987, art. 1er).

Versions Informations

- <u>**Article 3**</u>

En vigueur étendu

L'encadrement n'étant pas directement et automatiquement concerné par la mise en œuvre du cycle dans l'entreprise, il n'est pas prévu d'adaptation spécifique. Dans le cas où celui-ci serait concerné d'une manière significative et permanente, il y aura lieu à détermination de modalités spécifiques avec les organisations syndicales dans l'entreprise ou, à défaut, dans le contrat individuel du salarié de l'encadrement concerné.

Versions

- <u>**Article 4**</u>

En vigueur étendu

Il est convenu, par dérogation aux dispositions de l'article L. 212-1, que la durée quotidienne de travail effectif ne peut dépasser 12 heures pour les services englobant un temps de présence vigilante.

Versions Informations

- <u>**Article 5**</u>

En vigueur étendu

Il est convenu, pour la mise en place des horaires de travail, que la semaine de travail ne pourra excéder 4 fois 12 heures, soit 48 heures, et que sur 12 semaines consécutives elle ne pourra excéder 46 heures. Un jour de repos minimum sera ménagé après toute période de 48 heures de service.

Versions

- <u>**Article 6**</u>

En vigueur étendu

Le contingent annuel d'heures supplémentaires sans autorisation de l'inspection du travail est porté à 329 heures. Il peut soit se décompter en heures réellement effectuées, soit se traduire par la possibilité d'effectuer 46 heures par semaine d'une façon permanente sans autorisation de l'inspection du travail.

Versions

- <u>Article 7</u>

En vigueur étendu

Les parties conviennent que, en cas de difficultés dans la mise en œuvre du présent accord, elles se réuniraient pour discuter de ses modalités.

Cette réunion aura lieu à l'initiative de la partie la plus diligente et dans le mois suivant la demande.

Les parties conviennent de se réunir dans le délai maximum de 1 an à compter de l'extension du présent accord en vue d'examiner les difficultés que son application aurait pu mettre en évidence et négocier le cas échéant les adaptations nécessaires.

Versions

- **<u>Article 8</u>**

En vigueur étendu

Dès lors que des entreprises ou établissements ont conclu des accords de modulation conformes aux dispositions du code du travail (dont l'article L. 212-8), il est convenu expressément et par dérogation que la limite hebdomadaire de 44 heures puisse être portée à 48 heures (1).

Les conventions ou accords de modulation doivent accorder une contrepartie aux salariés consistant en une réduction de la durée du travail effectif ou en toute autre contrepartie laissée à l'appréciation

des signataires de la
convention ou de l'accord.

*(1) L'extension de cet
alinéa ne vise que les
entreprises ou
établissements qui ont
conclu des accords de
modulation
postérieurement au 29
décembre 1987 (arrêté du
15 décembre 1987, art.
1er).*

*(1) l'extension du 1er
alinéa ne vise que les
entreprises ou
établissements qui ont
conclu des accords de
modulation
postérieurement au 29
décembre 1987 (date de
publication de l'arrêté
d'extension du 15
décembre 1987).*

Versions Informations

- <u>**Article 9**</u>

En vigueur étendu

Les parties conviennent de demander la mise en œuvre des dispositions réglementaires nécessaires à la prise en compte des spécificités de la profession relatives à la définition d'un horaire collectif, de la périodicité variable de la semaine de 48 heures et de toute disposition nécessaire permettant son entrée en vigueur.

Versions

- <u>**Article 10**</u>

En vigueur étendu

Le présent accord ayant valeur d'accord national professionnel au sens de l'article L. 133-12-6 du code du travail, les signataires en demandent l'extension.

Si l'extension de cet accord ou d'une partie de celui-ci n'était pas obtenue, les parties signataires s'engagent à se réunir dans un délai de 15 jours en vue de trouver une solution permettant d'obtenir l'extension totale.

Versions Informations

- <u>**Article 11**</u>

En vigueur étendu

Le présent accord ne remet pas en cause les

dispositions plus favorables d'accords d'entreprise portant sur le même objet.

Le présent accord prendra effet à compter du premier jour du mois suivant son extension.

Je ne vais pas m'étendre sur les accords et autres textes qui ont été décidés depuis de nombreuses années. De 1995 à 2006 environ, les règles obligatoires étaient les suivantes :

12 heures de temps de repos
12 heures de service
48 heures de travail par semaine

1 week end sur 2 ou 3 week ends sur 6. Le reste cela passait.

La semaine calendaire est

du lundi, 0 heure au dimanche 24 h, donc le gars qui fait la nuit du dimanche au lundi, voit sa semaine de travail se finir à 24 h, le dimanche. Son service est coupé en deux. Avant les heures supplémentaires démarraient à partir de 44 heures, je crois, mais je n'ai jamais compris l'histoire des heures supplémentaires de 1990 à 1995 et rarement, j'ai pu en voir sur mes salaires de l'époque alors que mes compteurs dépassaient les 192 heures. La plus grande semaine jamais faite dans ma carrière a été de 90 heures. Sept services de nuit, de 12 heures et 2 services d'après-midi de 3 heures dans un jardin public. J'étais un fantôme. Mon responsable était même gêné. Ils avaient calculé le paiement de mes heures, en une prime exceptionnelle.

À partir des 35 heures, nous avons commencé à y voir plus clair dans le comptage des heures complémentaires et supplémentaires. Une heure complémentaire est payée 100 % et une heure supplémentaire 125 %. Au départ, les heures étaient payées à l'année, ce qui pouvait faire sur la paie de mai, un double salaire pour l'agent qui avait fait des HS toute l'année. Ce système était quand même limite pour le pouvoir d'achat. Certes, cela faisait un petit pactole pour partir en vacances avec la famille, mais il faut savoir que quatre-vingts pour cent des agents ne partent pas en vacances. L'argent sert à payer des factures, réparer la voiture qui permet de se rendre au travail qui est pour la plupart à cinquante kilomètres aller/retour du domicile. Ce métier a quand même des avantages. En faisant douze heures de service, vous ne vous déplacez que trois fois par semaine. Quatre jours de repos hebdomadaires bien planifiés et vous vous retrouvez souvent avec des périodes de huit jours de repos consécutifs. Si la semaine A, vous faites lundi, mardi, mercredi et la semaine B, vendredi, samedi, dimanche. Vous avez bien huit jours de repos consécutifs, en étant à temps plein, CDI. Donc la société française pourrait dire que les agents de sécurité ne travaillent que trois jours par semaine contrairement à la majorité qui travaille en équipe, en bureaux, du lundi au vendredi. Voilà bien une idée reçue française. Un agent de sécurité qui travaille 36 heures les semaines gagne le SMIC. Donc beaucoup font pendant leurs repos un deuxième, voir un troisième boulot pour espérer gagner leur vie convenablement et vivre normalement. Ils peuvent faire des semaines à soixante-dix heures, sans respect des temps de repos, du droit du travail. D'autres par contre, oui en profitent pour exercer leur passion ou faire du sport. Toujours est-il qu'un agent de sécurité doit forcément être en couple avec deux salaires pour pouvoir élever ses enfants et payer ses factures. Je ne vous raconte pas quand un agent de sécurité divorce et doit payer une pension alimentaire pendant les vingt ans. Je sais quand on fait des enfants, on assume. Oui, c'est exactement ce qu'ils font, mais ils se privent pour arriver à accueillir leurs enfants, pendant leurs droits de visite. Les plannings sont rarement modifiés pour qu'ils puissent aller chercher leurs enfants à l'école et profiter de leurs week ends de visite. Nous ne sommes pas obligés par la loi répondant les dirigeants de nos sociétés. Moi, j'ai toujours aidé mes agents lorsqu'ils ont rencontré des accidents de la vie. Décès, dépression, naissances, mariages, divorces, séparations, maladies, argent, voiture cassée car trop vieille…

J'ai connu la maladie chez mes collègues et nous avons toujours, naturellement été solidaires sur mon site lorsque le malheur frappait dans notre équipe.
Des jeunes agents démarrant dans la vie, avec un bébé et une compagne qui n'avait pas encore trouvé de premier emploi galéraient à mort pour pouvoir acheter du lait à leur bébé ou mettre de l'essence dans

leur réservoir. Il m'est arrivé de prêter de l'argent ou d'aller mettre le plein dans leurs voitures pour qu'ils puissent continuer à travailler dans de bonnes conditions. Tous ces agents, honnêtes, m'ont remboursé, à la date convenue. Je n'ai jamais eu à réclamer. J'ai connu un jeune qui faisait des petits chantiers en CESU, chez les particuliers. Peintures, sols, carrelages. Il avait un parcours atypique. Il avait vingt-deux ans et je venais de l'embaucher sur un site. C'était un pupille de la nation. Son père, toutes mes condoléances, avait été tués dans une embuscade en Irak. Il était militaire. Sa mère, haut gradé, dans l'aviation militaire était souvent en déplacement. Donc les pupilles sont très aidés par les associations et l'Etat. On leur permet d'obtenir le permis, de faire des études, voire de les loger quand il le faut. C'était son cas. Il résidait, avec sa compagne et son bébé dans une chambre d'hôtel. Il venait au travail avec un scooter assez vétuste. Soixante-dix kilomètres Aller-retour, Evreux-Vernon. C'est là que je tape du poing sur la table, avec nos ressources humaines. Il réside à Evreux où l'on a une dizaine de sites autour et on l'envoie à trente-cinq kilomètres, avec un scooter. Entre-temps, il a passé son permis, mais hélas, c'est un jeune, et des gens sans scrupules lui ont vendu une voiture Merguez, comme on les surnomme. Donc, il se retrouve avec de gros frais de réparations, impactant son budget. J'avais des peintures à faire dans ma maison que j'avais prévu de faire moi-même mais, j'ai décidé, en accord avec ma femme, qui je dois le dire ne m'a jamais reproché d'aider les personnes, même si je touchais au budget familial. On ne roulait pas sur l'or mais on travaillait tous les deux et avions qu'une fille. C'est bête à dire, mais je n'ai jamais osé avoir un deuxième enfant avec ma femme. J'avais déjà un premier fiston d'une première union, à qui je versais une pension mensuelle et j'essayais de le faire venir souvent nous voir en avion, car il habitait en Gironde. J'ai eu trop peur de ne pas pouvoir assurer un bon avenir à mes deux enfants, et

hélas, le troisième n'est
jamais arrivé.

<u>Accord du 19 septembre
2022 relatif aux</u>

<u>**revalorisations salariales**</u>

Grille de salaires applicable à la date d'entrée en vigueur

Catégorie professionnelle Coefficient Base mensuelle 151,67 heures

Minima conventionnels

Au 1er janvier 2022 Minima conventionnels

À date d'entrée en vigueur

I. Agent d'exploitation, employé, administratif et technicien

Niveau 1

Échelon 1

Échelon 2

Niveau 2

Échelon 1

Échelon 2   120 1 573,17
     1 691,16

Niveau 3

Échelon 1   130 1 593,79
     1 713,32

Échelon 2   140 1 641,59
     1 764,71

Échelon 3   150 1 703,00
     1 830,73

Niveau 4

Échelon 1   160 1 797,17
     1 931,96

Échelon 2   175 1 943,27
     2 089,02

Échelon 3   190 2 089,42
     2 246,13

Niveau 5

Échelon 1   210 2 284,77
      2 456,13

Échelon 2   230 2 479,66
      2 665,63

Échelon 3   250 2 674,57
      2 875,16

II. Agents de maîtrise

Niveau 1

Échelon 1   150 1 865,82
      2 005,76

Échelon 2   160 1 968,93
      2 116,60

Échelon 3   170 2 071,79
      2 227,17

Niveau 2

Échelon 1   185 2 226,58
      2 393,57

Échelon 2   200 2 380,99
     2 559,56

Échelon 3   - 215 2 535,44
     2 725,60

Niveau 3

Échelon 1   235 2 741,48
     2 947,09

Échelon 2   255 2 947,49
     3 168,55

Échelon 3   275 3 153,52
     3 390,03

III. Ingénieurs et cadres

Position I   300 2 478,92
     2 664,84

Position II - A   400 3
137,10   3 372,38

Position II - B   470 3
597,47   3 867,28

Position III - A 530 3 992,41   4 291,84

Position III - B 620 4 584,55   4 928,39

Position III - C 800 5 769,15   6 201,84

En continuant sur les salaires, je n'ai jamais compris que nos augmentations générales, effectives, au 1er janvier, devaient attendre une parution au journal officiel, en avril, sans paiement rétroactif. On perd toujours trois mois avec ce système. Pourquoi dépendons-nous du journal officiel ? Très peu d'augmentations ont eu lieu durant toutes ces années et je le

regrette. Les sociétés de
surveillance se sont
toujours arrangées pour
mettre les salaires au-
dessus du SMIC afin de ne
pas subir les
augmentations de celui-
ci. Évidemment, au bout
d'un temps, le SMIC
dépasse nos salaires. Et
à ce moment,
l'augmentation
intervient. Je voudrais
que tous les ans, nous
suivions l'inflation et
que des négociations
soient programmées tous
les mois de janvier. Le
fer de lance de ce métier
est l'argent. Un agent de
sécurité a des
responsabilités lorsqu'il
est preste pour un client.

2001-2009

World Trade center, informatique, collectes de données, carte professionnelle, CNAPS…

Des années catastrophiques pour moi et la profession. Manque de candidats, contrats et renforts de sécurité en hausse, et la fameuse carte professionnelle qui fera l'objet d'un chapitre à part. En 2000, souvenez-vous du fameux 31 décembre 1999 où toutes les entreprises du monde entier eurent peur du « Bug » de l'an 2000. Les informaticiens avaient peur que les horloges internes des systèmes informatiques ne passent pas à la bonne date. Peur de passer de 1999 à 1900… C'est à ce moment où mon site tourne à merveille que celui-ci est racheté par les Américains. Histoire de brevets, de marchés, mais surtout de grandes avancées dans mon rôle de chef de poste. Donc pour ce « Bug », mon client décide de mettre deux agents en H24 pour le pont du jour de l'an afin de prévenir toutes défaillances des systèmes. Me voilà, avec un collègue à assurer ces services qui seront tranquilles, car évidemment, il n'y a eu aucun désagrément suite à ce passage à l'an 2000. Par contre, cinq jours avant, le 26 décembre 1999, où je me trouvais d'astreinte à la maison, j'ai eu la peur de ma vie. La fameuse tempête du siècle, baptisée « Lothar » a traversé la France et l'Europe en deux jours causant des dégâts énormes dans les forêts. La veille, j'avais fait le réveillon chez ma sœur et j'étais rentré de bonne heure, car j'étais d'astreinte site pour les alarmes et la chaufferie. Nous avions été formés pour réaliser les tests (toutes les huit heures). Le site fonctionnait avec une chaudière au fuel lourd, c'est-à-dire que si elle venait à s'arrêter tant de temps, le fuel lourd se transformerait en goudron. Donc, un démontage et nettoyage complet seraient nécessaires pour relancer la chaudière, avec plusieurs jours sans chauffages sur le site. On parle d'une chaudière de vingt tonnes. Donc, quand celle-ci fonctionnait l'hiver, on allait faire les tests toutes les huit heures. Le moindre retard aurait engendré l'arrêt automatique de la chaufferie.

Donc, au retour de mon repas, je me suis couché tôt. J'habitais dans la résidence secondaire de mes parents qui avaient divorcé quelques années plus tôt. La résidence se composait d'un grand terrain de verdure, dans une forêt et d'un mobil-home que j'avais retapé avec les copains suite à plusieurs cambriolages. Je ne payais pas de loyer et j'étais indépendant. Le matin du 26 décembre, la peur de ma vie, le mobil-home se met à se lever, retomber, vibrer. En plein sommeil, je croyais rêver, mais non, la tempête du siècle était en train de s'abattre en France. J'ai vite pris un pantalon et je suis parti chez ma grand-mère qui habitait dans le village afin de me mettre en sécurité. Je slalomais entre les ardoises, les arbres qui s'écroulaient sur la route. Mon Bip Opérateur a commencé à sonner avec insistance. De multiples alarmes s'étaient déclenchées sur le site. Le client m'appela pour venir l'aider à remettre de l'ordre sur le site. En partant sur le site, je me suis arrêté chez moi. Heureusement, des arbres étaient tombés sur le terrain, mais aucun sur le mobil-home. Un arbre était sur l'unique chemin d'accès. Je téléphonais à mon cousin, qui était bûcheron, pour savoir s'il pouvait venir dégager l'arbre pendant que j'allais aider sur mon site. Il comprit la situation et à mon retour, j'avais un tas de bois bien rangé sur mon terrain. Donc, sur le site, des tôles de bardage s'étaient arrachées et avaient volé sur les voitures de service. Pas trop de dégâts par rapport au triste constat le soir aux informations. Des gens avaient perdu leur vie dans cette tempête. Après avoir

remis le site en état, je
suis reparti pour
continuer mon astreinte
et heureusement, j'ai pu
me reposer cette nuit-
là. Je reviens au 1er
janvier 2000, nous ne
faisions toujours pas les
nuits et week ends depuis
cinq ans, mais les
Américains ont décidé,
eux, qu'il fallait
remettre la sécurité en H
24. J'ai dû recruter des
agents supplémentaires et
vous voyez,
l'optimisation demandée
en 1995 est repassée en
contrat H 24, car rien ne
remplacera un agent de
sécurité sur un
site. C'est le seul qui
peut intervenir et
connaît son site. Les

systèmes électroniques nous aident, mais ne feront jamais le boulot. Je suis même étonné que les assurances acceptent cette façon d'assurer cette sécurité, en dents de scie. Deux heures pour intervenir sur une alarme incendie, par un rondier mobile. Nous, nous mettions vingt minutes, mais c'était toujours trop par rapport à deux minutes, avec un agent sur site.

Nous voilà revenus en service de douze heures, dix-neuf heures / sept heures pour la nuit et sept heures / dix-neuf heures pour la journée. H

24, week-ends et fériés. En 2001, en mai, mon premier enfant arrive : un beau garçon vient compléter ma petite famille naissante. Je quitte le mobil-home pour prendre un appartement en centre-ville de Vernon, un beau F2, refait à neuf. Nous préparons l'arrivée de notre bébé et commençons à chercher une nourrice agréée bien avant sa naissance. Afin d'économiser les frais et n'ayant aucune aide de la CAF, du fait de mon salaire qui n'est pas mirobolant mais trop élevé pour prétendre à une APL sur notre loyer. Nous décidons que je travaillerai la nuit

pour m'occuper du fiston
la journée. Une nourrice
à temps partiel est
trouvée pour me laisser
dormir le matin et
reprendre mon bébé vers
les treize heures de
l'après-midi. Vous allez
commencer à dire que je
raconte ma vie, mais vous
verrez que toute notre
vie personnelle est en
lien avec notre
métier. Toujours trouver
des solutions afin de
conserver un reste à
vivre, une fois la paie
tombée et les factures
payées. Constamment
économiser sans nuire à
la qualité de notre et
votre vie, sinon, à quoi
bon que nous allions
travailler. Depuis six

ans, je suis responsable de poste et mon site fonctionne très bien. Cela fait six ans que ma rémunération n'a pas changé. Je profite de la naissance de mon fils pour demander un rendez-vous à mon Directeur en place. Je lui demande une augmentation et lui annonce que je suis le seul, à ne toujours pas être au coefficient 150 au lieu du 120 actuel. Il profite, comme je ne suis pas facturé à mon client, comme responsable pour me demander de gérer d'autres sites autour de moi. Une mensuelle pour la gestion de plusieurs sites est actée, 500 francs mensuels. Je ressors content avec mille francs d'augmentation. C'est une belle somme pour l'époque. Mais je ne sais pas dans quel bordel je me suis engouffré. Quatre sites, amplitudes horaires différentes, secteurs différents. Je passe de sept agents à trente agents et hôtesses de sécurité. Je collabore avec des clients aux caractères très différents, avec des aspirations complètement obsolètes. Je prends à ma charge une cartonnerie, en H 24, une industrie métallurgique, en h 24, et une société de mécanique de précision, les nuits et week ends.

Je me forme sur tous les sites avec heures de chefs de poste qui ont légèrement évolué. Je fais deux tiers de services et un tiers de responsable. Plannings, contrôles nuits et jours, relations client, réunions, consignes, rapports, comptes rendus de clientèles, ventes.

Et en plus, on commence, dès 2005, vu ma facilité à remédier à me donner des astreintes agence. Là, je m'adresse à vous, agent de sécurité. Une astreinte agence, ce n'est pas un encadrant qui reste la nuit et le week end, derrière un bureau, à l'agence, pour

répondre   au
téléphone. Une astreinte
agence, c'est un de vos
collègues qui a fait sa
semaine de services et
qui va prendre, du
vendredi, dix-huit heures
au lundi, huit heures,
l'astreinte téléphonique
d'une trentaine de
sites. H 24, le téléphone
va sonner, le
collaborateur sera
réveillé, trois à quatre
fois dans la nuit, pour x
raisons. Pourquoi
toujours répondre ? Le
secours à agent en
priorité. Un PTI portatif
qui envoie une alarme est
traité en priorité. J'en
ai déjà débattu dans un
chapitre précédent et je
ne suis toujours pas

d'accord avec cette politique d'intervention. Le pire, les absences de prises de service du week end. L'agent qui doit être relevé, a fait douze heures et a Douze heures et une minute, nous sommes dans l'illégalité. Donc cela veut dire réveiller toutes les familles des agents de sécurité formés sur ce site et convaincre ceux-ci d'aller travailler alors qu'ils sont en week end, sans prime de dépannage. Évidemment, la panne de voiture, la maladie justifient cette absence. Dans ces cas-là, vous passez des heures et des heures par téléphoner pour convaincre et pendant ce temps-là, l'agent de nuit fait treize, quatorze heures. Le plus long que j'ai connu, a été un de mes agents de nuit qui a fait dix-sept heures, car une tempête de neige avait sévi toute la nuit. J'ai réussi à atteindre le site qu'au bout de quatre heures de route, en prenant des risques énormes pour ma sécurité. Ces astreintes pesaient très lourd dans l'ambiance familiale. Ma femme se levait à cinq heures du matin et le téléphone, c'était un poison. Combien de fois, j'ai dû faire chambre à

part pour éviter le
bordel   de
l'astreinte. C'était une
folie. Les   astreintes
m'ont vraiment fatigué
nerveusement   et
moralement. J'ai failli
partir à ce moment-là.
Des   disputes   à
répétitions, mais je
restais professionnel.

Je me suis retrouvé à
faire des remplacements
sur tous mes sites, car
nous   manquions
cruellement   de
ressources. Notre
personnel était à la
limite de leurs heures
hebdomadaires. Je faisais
un morceau sur un site,
un autre derrière et une
fin de nuit sur le

suivant. Infernal.

Il y a sûrement de meilleures solutions pour remédier à ces problématiques qui usent nos agents et nos encadrants.

En 2006, ma société signe avec l'ensemble des sociétés de surveillance, adhérente à la convention collective la professionnalisation des métiers de la sécurité. Le job précaire de l'agent de sécurité devient un métier à part entière. Je deviens Coordinateur de site au même coefficient, car le métier de Coordinateur de site a un coefficient de

140, mais j'avais déjà un 150. Je ne pouvais pas descendre. L'informatique s'invite. Les registres des papiers vont être remplacés par la main courante électronique. Nous allons devenir des agents de sécurité connectés. Internet a commencé à arriver vers 2003, avec l'ADSL, WANADOO, future ORANGE. Transition énorme pour les agents et hôtesses. La formation n'a jamais été au rendez-vous pour former des personnes qui n'avaient jamais touché à l'informatique. Il a fallu, un par un, que je vois toutes les personnes qui avaient des difficultés avec la prise en main des ordinateurs. Main courante, clés, visiteurs, rapports, messagerie, consignes et autres. Tout devenait numérique et nous collections des données dans tous les domaines. On numérisait chaque mouvement. Nous étions entrés dans une nouvelle ère. Les ressources ont toujours manqué dans ce métier. Mauvaise réputation, précarité, travail du week end, des jours fériés. C'est vrai que cela ne faisait pas envie. Cerise sur le gâteau, des sociétés avaient décidé pour durcir les recrutements de mettre en place un questionnaire, utilisé dans les services de police, qui consistait à répondre en ligne, à cent vingt questions, dont douze éliminatoires. Si le candidat répondait faux sur une question éliminatoire, il était rejeté, mais en plus, grillé sur toutes les agences, au niveau national. Feu rouge pour lui. Nous étions fichés en ligne. Le travail à distance venait de commencer. Tout serait dématérialisé. Nous le verrons plus tard vers la fin de cet ouvrage.

2009

Création de la carte professionnelle.

« L'affaire du bagagiste de Roissy est un complot ourdi par la belle-famille d'Abderrezak Besseghir, un Français, visant à le faire passer pour un terroriste.
Les faits :
Le 28 décembre 2002, aux alentours de 6 h 30 du matin, Marcel Le Hir, un légionnaire retraité reconverti dans la sécurité privée, raconte à la police de l'air et des frontières avoir entendu un homme manipuler des armes dans son coffre sur le parking du terminal 2 F de

l'aéroport de Roissy. Les policiers arrêtent le propriétaire de la voiture, Abderrezak Besse ghir, Français d'origine algérienne, bagagiste à Roissy depuis trois ans. Elle trouve dans le coffre de sa voiture des armes, des explosifs (un colt 45, un pistolet-mitrailleur, cinq pains de plastic de fabrication yougoslave, deux détonateurs et une mèche lente) et un tract propalestinien dans la boîte à gant. L'enquête :
Suspecté de préparer,
un acte
terroriste, Besseghir cri
e son innocence et
dénonce un complot de sa

belle-famille. En effet, en juillet 2002, dans leur pavillon à Bondy, sa femme, Louisa est grièvement brûlée dans ce qui est présenté par son mari comme « un accident domestique ». Louisa meurt de ses blessures, sans être sortie du coma pour donner sa version des faits, en septembre 2002. L'affaire sera vite classée comme un suicide par immolation, mais les parents de Louisa, Fatiah et Ahmed Bechiri, refusent cette thèse, persuadée qu'Abder rezak a tué sa femme. Alors que les services de police et le magistrat croient de plus en plus à son innocence, la presse, persuadée d'être bien informée, déclare que Besseghir a des liens avec la mouvance islamiste. L'enq uête de la police met en évidence qu'il s'agit bien d'une machination montée par la famille Bechiri pour faire payer au bagagiste la mort de leur fille. Les beaux-parents ont en effet fait appel à un détective privé, Patrick Pouchoulin, dès l'incendie de juillet pour « traquer » leur gendre, en vue d'obtenir la garde de l'enfant. Et c'est l'oncle de Louisa, Djilali Diffalah, qui fait appel au fameux

« légionnaire retraité » qui a opportunément dénoncé Besseghir à la police. Le 12 janvier 2003, Abderrezak Besseghir est innocenté et libéré de la prison de Fleury-Mérogis et le lendemain, ses beaux-parents sont placés en garde à vue. Avec
Patrick Pouchoulin,
Marcel
Le Hir et Djilali Diffalah, ils sont mis en examen pour « dénonciation calomnieuse » et « dénonciation d'un crime ou d'un délit imaginaire », puis pour infraction à la législation sur les armes, les munitions et les explosifs et association de

malfaiteurs. Les cinq comploteurs avouent l'organisation du complot et sont condamnés le 16 juin 2004 à vingt mois de prison, dont 14 avec sursis, et à payer 15 000 euros de dommages et intérêts
à Besseghir. Enfin, la chaîne France 3 est condamnée le 4 novembre 2005 par le tribunal correctionnel de Paris pour avoir injustement accusé fin 2002 Besseghir d'être un terroriste islamiste. »

Cette affaire jette un pavé dans la mare. Celle-ci provoque un scandale en France et dans le gouvernement de l'époque où un certain Nicolas Sarkozy, ministre de l'Intérieur, annonce mettre de l'ordre dans le domaine de la Sécurité Privée. En effet, l'opinion publique et les médias estiment que les agents de sécurité ne sont pas assez contrôlés pour assurer la sécurité de sites sensibles. De plus, le terrorisme fait peur en France et les Français veulent une sécurité optimale. Cela ne regarde que moi, mais je suis sûr, en l'ayant suivi, en temps réel, que la carte professionnelle découle de cette affaire qui pourtant, n'était qu'une machination, mais les dommages collatéraux étaient visibles. Le ministre n'avait plus le choix que de lancer un grand nettoyage dans la sécurité privée.

Pour tous les agents de sécurité en activité depuis un an et plus, une attestation de l'employeur certifiant l'équivalence pour obtenir
le CQP APS est envoyée à chaque agent afin de faire la demande à la Préfecture du domicile pour obtenir la fameuse carte professionnelle. La Préfecture mène une enquête administrative en consultant le casier judiciaire. Celui-ci doit être vierge pour obtenir

la carte pro, pour une durée de cinq ans. Logiquement, si une condamnation arrive pendant ces cinq années, une alerte est envoyée à la société de sécurité pour procéder au licenciement sec du salarié. Nous en reparlerons, car je dis bien logiquement. Pour les nouveaux agents de sécurité arrivant sur le marché, en 2009, un certificat de qualification professionn elle d'agent de prévention et de sécurité, le CQP APS, d'une durée de 140 heures, en 2009, est désormais obligatoires po ur exercer le métier

d'agent de sécurité. Il passera à 175 heures en 2018, en y ajoutant un module sur le terrorisme sur le territoire. À partir, de tous ces changements, le recrutement va devenir ingérable,
car avec la longueur de cette formation et le coût, les candidats préfèrent aller passer un CACES (autorisation de conduite des chariots élévateurs) et ils partent postuler dans les entrepôts avec un salaire de 1900 euros par mois. Le CACES ne durant que trois jours avec un coût de 300 euros. Une formation CQP APS coûte environ 1400

euros saufs si   Pôle
Emploi, si vous êtes
chômeurs, vous finance
celle-ci. Mais vous serez
tributaires des sessions
où il faut dix agents
pour lancer une formation.

La démarche de la carte
professionnelle   est
personnelle. C'est à nous
de faire les demandes de
renouvellement,   en
passant tous les cinq ans
un MAC APS, maintien des
compétences d'une durée
de trente-cinq heures. La
société de sécurité peut
juste consulter la
validité de votre carte,
via télé
service. Jusque-là, cela
est encore gérable.

« Le Conseil national des activités privées de sécurité (CNAPS) est un établissement public administratif de l'État sous tutelle du ministère de l'intérieur. Il a été créé en 2011 pour assurer la mission, auparavant dévolue aux préfets, de mettre en œuvre la réglementation des activités privées de sécurité. »

En 2011, Le CNAPS est créé et à partir de ce moment-là, les cartes professionnelles vont être plus difficiles à obtenir tant les vérifications des antécédents judiciaires sont floues. Le CNAPS est un organisme public financé par les sociétés de sécurité privée, via une taxe, reportée sur les

factures clientes. Le CNA PS est sensé contrôler les sociétés privées de sécurité, d'opérer des interventions sur site, éplucher les agréments, contrôler les contrats de travail, les cotisations URSSAF.

Celui-ci, en cas d'incidents est autorisé à infliger de lourdes amendes aux sociétés fautives, procéder à la

fermeture
administrative. Dans la
pratique, nous nous
sommes rendu compte que
seules, les grandes
sociétés, solvables
étaient constamment
contrôlées par cet
organisme. Les petites «
TINTIN et MILOU », elles,
passaient au travers de
ces contrôles puisqu' il
était pratiquement
certain que les amendes
n'étaient pas réglées et
la société liquidée pour
mieux renaître plus tard.

Le CNAPS, dépend
du ministère de
l'Intérieur. Il est
composé d'anciens
gendarmes et de
policiers. C'est là qu'il

y a un gros problème par rapport aux objectifs initiaux du CNAPS. En effet, les vérifications pour les cartes professionnelles se concentreraient sur des fichiers internes à la Gendarmerie et à la Police, le TAJ, anciennement le STICK. Ce qui veut dire que même si un agent de sécurité n'a jamais été condamné, il va se voir interdire le renouvellement de sa carte professionnelle. Un flou juridique entoure ces pratiques et qui ont donné lieu à des jurisprudence dans les tribunaux, sur l'utilisation frauduleuse des données personnelles. Le CNAPS doit normalement consulter les casiers judiciaires et si, il y a condamnation, il interdit la carte professionnelle. Cela change la donne, car au moins, l'agent de sécurité sait qu'il a été condamné et à quoi s'en tenir. Or aujourd'hui, vous ne savez pas si vous êtes fichés sur un TAJ, traitements des antécédents judiciaires. Donc, l'agent de sécurité se retrouve, lors du renouvellement de sa carte, devant une situation périlleuse. Son licenciement doit être prononcé, pire, il se retrouve en suspension de contrat, sans rémunérations. Privé de revenus et d'inscription à Pôle Emploi, puisqu'il n'est pas licencié.

Un conseil pour les jeunes
candidats. Attention
! Lorsque vous manifestez pour des bonnes causes, pendant votre jeunesse, et que vous êtes interpellés sans suites judiciaires, le fichier TAJ, lui ne va pas vous oublier. Vous pouvez être inscrit sur celui-ci sans être le savoir. Le conseil d'Etat doit trancher pour les pratiques du CNAPS, sur leurs méthodes. Si vous

voulez devenir agent de sécurité, n'hésitez pas à demander au Président de la CNIL, si vos données sont sauvegardées dans x fichiers. Vous risqueriez de faire la formation CQP APS sans obtenir une carte professionnelle, au final. Le CNAPS fait son travail comme il l'entend. En effet, si un agent de sécurité passe sa carte professionnelle en mars 2023, qu'il est condamné en octobre 2023, il ne sera pas inquiété avant le renouvellement de sa carte, en mars 2028. Ce qui veut dire que les contrôles, s'ils existent, doivent être aléatoires et encore

faut-il savoir où l'agent
de sécurité fautif
travaille. J'en
reparlerai à la fin de
mon livre qui n'est pas
une fin heureuse, pour
moi.

2020

COVID

Alors là, carton rouge à tout Directeurs d'agence de sécurité privée. Honte à vous. C'est scandaleux comment vous avez traité vos agents sur le terrain. J'en suis encore affecté aujourd'hui.

Février 2020, les premiers symptômes et incidents respiratoires se déclarent en France, entraînant des centaines de morts, pour continuer avec des milliers de morts en France, des millions dans le monde. L'état décrète un confinement national, avec autorisation de circuler à chaque sortie. Les encadrants et dirigeants se mettent en Télétravail, mais restent sur le terrain, non-autorisé à se confiner ? L'agent de sécurité. Qui se retrouve seul sur son site fantôme, vidé de tous ses salariés, à assurer la sécurité des biens ? L'agent de sécurité. Cela a duré plusieurs mois en France. L'agent de sécurité a été abandonné sur le terrain, sans masques de protection, confronté aux livraisons internationales, par des livreurs européens, qui je me le demande encore : comment avaient-ils passé les frontières ? Non seulement, les agents de sécurité tombaient comme des mouches avec la COVID, mais avec cela, nous devions renforcer la sécurité avec des agents supplémentaires. Évidemment, nous ne les avions pas alors que l'on arrête de prendre des prestations supplémentaires quand nous sommes dans des situations catastrophiques. De plus, nous étions au contact direct des clients qui étaient perdus, comme nous, face à cette épidémie. J'ai même de ma propre initiative, donné des masques personnels que j'avais chez moi, à mes agents en place. Impossible d'en trouver dans les magasins. Nous avons eu très peur mes équipes et moi. La plupart de mes agents ont eu la COVID ou ont été un cas contact avec confinement quatorze jours, payés par la CPAM. J'ai eu de la chance, je n'ai pas eu la Covid, juste cas contact puisque ma femme travaillait dans un EPHAD et comme moi, n'avait pas le droit au confinement. Je trouve ridicule que les personnes qui ont été confinées par leurs entreprises se sentent traumatisées par cette mesure. Aucun soutien de l'encadrement au télétravail, on en riait entre nous suivant la période de la journée. Le matin, ce n'était pas possible de répondre, télétravail petit déjeuner terrasse, le midi, télétravail barbecue, l'après-midi, télétravail piscine et le soir, télétravail apéro. Il avait bon dos le télétravail. Nous recevions juste de temps en temps une affiche à coller dans les postes pour apprendre à se laver les mains ? Quelle dérision. Incroyable, il faut l'avoir vécu pour y croire. Nous étions totalement abandonnés. A la fin des confinements, rien, aucun remerciement, aucune prime, rien. Tout est redevenu comme avant. Pour ma part, j'en suis à quatre doses de vaccins avec la grippe en supplément. Je suis vacciné de chez vacciné. La COVID a fait des ravages après les confinements. Nous avons enregistré un nombre énorme de démissions d'agents qui avaient bien réfléchi à leurs situations et ils ont décidé de prendre un virage dans leurs vies. Nous avons été soumis à des abandons de poste, la motivation n'était plus au rendez-vous. Le travail n'était plus la priorité aux yeux de nombreux agents de sécurité. Malgré des primes pour les agents amenant de nouveaux candidats, la prime de cooptation, rien ne débouchait sur des embauches. Des entreprises refusaient des marchés faute de ressources.

NOS CE ET SYNDICATS

Que dire ? Pas grand-chose. Nos comités

d'entreprises sont inexistants. Un bon d'achat à Noël de quatre-vingts euros, basta. Un bon d'achat de trente euros pour une naissance, un

mariage. Aucune sortie en tre agents et leurs familles. Peut-être de temps en temps une journée pêche. Je ne comprends pas que des grands groupes de sécurité, avec d'énormes chiffres d'affaires, ne puissent doter les CE de plus de ressources. Le grand problème des agents de sécurité est que tout se fait à distance. On ne se rencontre jamais. Diviser pour mieux régner. Nous sommes

deux-cent-cinquante
salariés dans mon
agence. Même en tant que
responsable, je n'en
verrai qu'une trentaine
et encore en cherchant à
les

rencontrer. Aujourd'hui,
on reçoit les plannings,
les fiches de salaire,
les documents divers dans
des coffres-forts
électroniques. Plus aucun
lien avec votre agence,
plus de téléphone, plus
de visite. Seule une
réunion qualité vous
permet de voir votre
Directeur, et encore s'il
n'est pas représenté, par
un adjoint. Cela c'est
suivant l'importance du
site. Je parle bien pour
les agents de

sécurité. Les responsables comme moi, on arrive à les voir une fois par mois. C'est imposé par le siège, sur le papier. Il y a toujours une raison pour que nous ne fassions que cinq réunions par an, au lieu des dix prévues. On enlève les deux mois : juillet et août.

Nous ne sommes que des matricules. Bien vu, si nous ne faisons pas parler de nous et allons, sans rechigner, effectuer des vacations supplémentaires, même si nous avions prévu autre chose pendant nos repos. Combien de fois ai-je dû annuler des soirées, des invitations, des Noël et jour de l'an car un agent ne venait pas prendre le service. Frédéric, tu es le responsable, tu dois donner l'exemple. Je me suis même demandé si un agent de sécurité devrait être un célibataire, sans contrainte, pour faire ce métier. Les syndicats sont quasiment inexistants. Quand vient le moment des élections, on commence à en entendre parler, à les voir arriver, mais après les élections, plus rien. Aujourd'hui, le métier s'est amélioré, il ne faut pas être négatif. Nous commençons à voir des avancées notables dans nos conditions de travail.

LE MARCHÉ DE LA SÉCURITÉ

En 2023, 12 000 entreprises en France, avec 187 000 salariés et trente milliards d'euros de chiffre d'affaires. C'est énorme, plus de 8 500 indépendants, mais les sociétés de sécurité, au top 10, sont des gros mastodontes du secteur. Elles ont le mérite de respecter les règles. Je vous conseille d'ailleurs de privilégier le top 10, des entreprises. Je suis moi-même salarié d'un leader mondial et nous sommes toujours épinglés comme l'entreprise la plus chère du marché, mais il faut bien réfléchir sur les chiffres. Je me suis renseigné sur le terrain et je connais les tarifs des prestations. J'ai connu quatorze Directeurs dans ma carrière. Des bons et des très mauvais. Les prix du leader mondial correspondent aux vrais prix du marché pour qu'une prestation soit viable. Une société se doit d'avoir une structure, un encadrement solide et respecter les bonnes pratiques. J'ai pu comparer des appels d'offres où les prix atteignaient jusqu'à -25 % de notre prix initial. On ne fait pas 25 % de marges sur un contrat, 7,5 % à 15 %, en moyenne est un chiffre plus raisonnable. Les sociétés qui cassent les prix à perte pour mieux remonter ces mêmes prix au bout d'un an de contrat ne font pas long feu chez des clients sérieux. Cela m'est arrivé deux fois pour mes sites. La première fois pour la cartonnerie. Une petite société prend le marché que j'avais depuis vingt-deux ans, en baissant de 20 % le prix. Un an plus tard, le Directeur de la Cartonnerie se rend

compte que la petite
société a augmenté son
prix pour arriver au
nôtre. Du coup, nous
sommes revenus un an plus
tard. Deuxième fois, site
que j'ai depuis ces
vingt-ans. Appel d'offres
national. Onze sites en
France. La fameuse
société qui a été
liquidée rafle le marché
avec 20 % en moins sur
les contrats. Au bout de
quatre ans, le client
nous demande en urgence
de reprendre le contrat,
car cela faisait quatre
ans qu'il n'arrivait pas
à joindre l'encadrement
pour la bonne raison
qu'il n'existait pas. De
plus, lors de la
liquidation, les contrats

ont été passés au crible et les commerciaux s'en étaient mis pleins les poches, en commissions, rien que pour signer. Les contrats avaient été pris à perte.

Lorsque que les sociétés comprendront qu'il faut stabiliser le marché, on arrivera peut-être, un jour, à obtenir un treizième mois. Les cahiers des charges deviennent extrêmement exigeants pour les sociétés de sécurité. SSIAP, SSIAP 2, SSSIAP 3, SPV, SPV avec permis poids lourds, IGH, ERP, Opérateur Vidéoprotection, Maîtres-chiens.

Des nouveaux marchés comme les Datacenters ou les collectivités publiques, ainsi que l'Etat voient le jour. Des agents de sécurité surveillent des tribunaux, des ambassades.

On parle même de faire les transferts de prisonniers des prisons vers les tribunaux. Tout cela pour remettre des gendarmes et des policiers sur le terrain. L'Etat manque cruellement de moyens. Toutes les petites tâches seront exécutées par les agents de sécurité, avec le même salaire. Donc, pour moi,

il est hors de question
de rentrer dans ce marché
public. Le métier
deviendrait trop
dangereux pour un agent
de sécurité. Attention
aux sociétés qui
embauchent en partiel
pour payer une partie des
salaires en espèces. Vous
rentrez dans un engrenage
infernal. En effet,
pensez dès le départ à
vos cotisations
retraites. Des
petites boites n'hésitent
pas à s'enrichir sur la
misère humaine. Ce sont
souvent des dirigeants
qui vont créer des boites
pour mieux les couler
plus tard et en créer une
nouvelle dans la
foulée. Ne rentrez pas

dans ce système qui fait du tort à la profession. Une fois, un Directeur de site était passé le samedi dans son usine, car il y avait des soucis de chaudière, indispensable, à la production du lundi matin. Donc, il est passé plusieurs fois dans le week end, en nuit et jour…

Et le dimanche soir, il a eu un déclic. Il voyait toujours le même agent de sécurité. Pourtant, il avait pris une société connue. Il voit l'agent à son poste, regarde la main-courante. Il voit 7h19h avec une certaine écriture et 19H7H avec une autre écriture. Il lui dit qu'il n'a vu que lui, en agent de sécurité, depuis samedi matin. L'agent de sécurité, en situation irrégulière, travaillait pour une société sous-traitante, de son prestataire titulaire, pour remplacer les agents titulaires en vacances. Le seul problème était que la société sous-traitante qui n'avait pas d'effectif demandait à l'agent de faire du vendredi soir au lundi matin, sans relèves. Il mangeait et dormait sur le site. En creusant un peu plus, il était payé au « noir », la moitié du

SMIC horaire. Le client étant donneurs d'ordres est autant responsable que la société de sécurité privée. Donc, je le répète : « FUYEZ LES TINTINS et MILOUS ».

Les cahiers des charges commencent à s'étoffer notamment pour les Data Centres où le risque d'incendie est tellement grand que des équipes de quatre
agents, APS, SSIAP 1 et 2, sont supervisées par un SSIAP 3 (très dur à trouver le SSIAP 3). Des clients demandent que tous les agents soient Sapeurs-pompiers Volontaires, avec pour certains le

permis SPL. Les sites
étant équipés de
camions incendie. Nous
rentrons dans la cour des
grands avec des contrats
à six chiffres, mensuels.

2023

Futurs   candidats

En 2014, je deviens agent
de maitrise. Je suis
responsable de site. Nous
sommes présents sur site
afin d'accompagner au
mieux nos agents et
clients. Un responsable
de site va faire deux
tiers de services et un
tiers de présence
administrative. La
promotion existe en
interne. N'hésitez pas à
consulter les postes en
interne ou sur les sites
de carrières. Comme vous
l'avez lu dans ce livre,

le métier d'agent de sécurité a ses inconvénients, mais aussi ses avantages. Il n'est clair que nous n'en sommes pas encore arrivés à ce qu'il devienne une vocation. Ce métier a le mérite d'ouvrir ses portes à des jeunes, des hommes et des femmes, des anciens, des reconversions.

Pour un jeune, un peu perdu, pour son avenir, ce métier est un tremplin pour démarrer dans le monde du travail. Il n'est pas physique, mais demande des connaissances en informatique, une bonne élocution et maîtriser la langue française écrite. Avoir dix-huit ans, un casier vierge, un Tag vierge. Après votre formation que vous pouvez financer vous-même ou via, des organismes publics. Pendant votre formation CQP APS, une demande préalable de carte pro sera envoyée au CNAPS afin de vous autoriser à effectuer des stages découvertes ou pratiques. Vous pourrez vous spécialiser en SSIAP 1 (spécialiste de l'incendie et du secours à personnes), et vous passerez des épreuves sur le secourisme. Un conseil : privilégier les grandes entreprises. L'organisati on est bien huilée. Votre accueil est déterminé par des procédures bien spécifiques. Les postes correspondent à des attentes clientes. Je vous souhaite de travailler à côté de chez vous pour réduire les coûts, mais surtout la fatigue. Quand un agent fait la nuit, pendant douze heures et qu'il lui reste une heure de route pour aller se coucher, c'est très difficile. Surtout quand vous faites quatre nuits d'affilées. Le travail en journée est encore plus difficile à réaliser. Vous êtes un agent de sécurité accueillant des centaines de salariés, prestataires ou visiteurs dans votre vacation. Ne pas être timide, savoir analyser toutes les demandes qui peuvent être fantaisistes ou extrêmement complexes. Réfléchir avant d'agir ! Sachez demander de l'aide à votre agence ou votre client si vous avez le moindre doute. Vous aurez à guider des secours, porter secours à des personnes prises de malaises divers. Le métier de jour est une spécialisation propre à chaque personne. C'est pour cela que des agents travaillant de nuit seraient incapables de faire le jour, contrairement à l'agent de jour qui est opérationnel sur toutes les amplitudes. Une bonne présentation (coiffure, barbe, hygiène) et le port de la tenue propre, avec des chaussures cirées vous aideront à être respecté dans vos missions. Votre poste doit toujours être en ordre et fonctionnel. C'est votre image directe qui dépend de toutes ces astuces. En général, les postes de sécurité sont bien équipés. Vous avez toujours un petit coin cuisine et une partie toilettes avec lavabo.

Une habitude, interdite

dans tous les règlements intérieurs, que je n'ai jamais pu supporter tellement cela m'agace. C'est de manger sur son poste de travail. J'ai horreur de cette habitude qui est bien ancrée chez les clients et nos dirigeants. Je n'aime pas que l'on voie ce que je mange et être dérangé dix fois quand je mange. Pareil pour aller aux toilettes. Toujours attendre que les heures de pointe soient passées. Devoir bloquer tout le monde pour aller dix minutes aux toilettes.

Par contre, en travaillant le jour,

votre vie sociale et votre organisme ne souffriront pas des décalages horaires, par rapport au travail de nuit.

Ce n'est pas une idée reçue, mais tous les agents de sécurité veulent être de nuit, et cela, ce n'est pas possible. Il est vrai que le travail de nuit est divisé par trois, on gagne plus sur le salaire, mais cela fait des ravages sur la vie de l'agent de nuit. Toujours en décalé. D'ailleurs, le travail de nuit rentre dans les critères de pénibilités pour le calcul de la retraite (départ). Vous

aurez accès à la
formation par votre
employeur. C'est pour
cela que je vous demande
d'aller dans des grandes
structures.

Votre Compte Personnel de
Formation pourra vous
aider à vous
perfectionner dans votre
métier. La promotion est
possible via les offres
en interne de votre
entreprise ou par votre
comportement
irréprochable lors de vos
prestations. En général,
votre Directeur regardera
dans son fichier
ressources, pour nommer
un responsable de site,
un chef de poste ou
d'équipe. Tous les ans,

une entreprise perd des sites, mais en gagne aussi d'où des opportunités à prendre au vol. Renseignez-vous toujours de l'actualité de votre entreprise. Ne restez pas dans votre coin, à juste exécuter votre planning. Soyez curieux. Ce métier est très vite accessible en CDI. Les banques prennent au sérieux un agent de sécurité, d'une grande société, venant demander un prêt. Vous êtes bien insérés dans la société. Aujourd'hui, les mutuelles sont de qualité et à un prix abordable. Vous êtes assurés de cotiser à la CPAM, à la retraite, à

votre   mutuelle. Vos
droits   sont   respectés.

Je   pense   que   je   n'irai
pas   dans   ma   trente-
quatrième   année   de
carrière   malgré   être
passé   au   travers   des
reprises,   du   chômage. En
effet,   je
suis rattrapé par
le CNAPS. En   2019,   j'ai
divorcé pour x raisons et
une   plainte   n'ayant   pas
aboutie a déclenché une
inscription   sur   un
fichier   TAJ   de
Gendarmerie. En mars 2023,
après   avoir   passé   ma
formation APS pour
renouveler   ma   carte
professionnelle,   je

reçois un recommandé du CNAPS qui m'apprend que je suis inscrit sur ce fichier. Fait remontant à 2020 et qui ressort en 2023. Je n'étais évidemment pas informé de cette inscription. Sinon, j'aurai fait le nécessaire pour y remédier. Au 31 août 2023, ma carte est périmée. Je n'ai plus le droit d'exercer. Après avoir prévenu ma société, je me retrouve en suspension de contrat, sans rémunération. Autant dire, sans revenus et sans emploi. Je ne peux pas aller m'inscrire à Pôle Emploi puisque je ne suis pas licencié. J'engage un

avocat parisien, spécialiste du CNAPS. Le coût de cette procédure varie de 1 200 e en référé simple à 2 500 euros avec un délai de procédure de douze à dix-huit mois. Je pensais que ma société me trouverait un poste en attendant que je fasse le nécessaire pour m'innocenter. La procédure est appliquée à la
lettre. Le CNAPS profite d'un flou juridique pour aller vérifier les antécédents sur des fichiers
officieux. Plusieurs jurisprudences ont été prononcées en France sur cet état de fait. Mes équipes me soutiennent et

réclament mon retour. Mes clients aussi font le nécessaire pour remédier à ma situation. J'espère un rebondissement de la part de ma société qui, si elle le veut, le peut. J'ai cinquante-et-un an, j'ai toujours travaillé et acquis de l'expérience. J'ai formé des dizaines d'agents et hôtesses de sécurité. Je peux encore être utile dans ce secteur d'activités. Je ne suis pas le dinosaure, mais une personne qui évolue constamment dans le monde du travail. Je suis un grand passionné des nouvelles technologies. Je suis spécialisé dans les

recoupements de fichier
et dans la
vidéoprotection. Voilà où
j'en suis
aujourd'hui. Faites
attention à vos
comportements dans la
vie. Ne répondez pas à la
provocation par la
violence. Soyez intègre
dans la vie, car vous
n'êtes pas à l'abri d'une
plainte, une main-
courante. Je vous
souhaite une bonne
continuation et j'espère
que ce livre vous aura
éclairé. Que vous vous
serez reconnus dans ces
lignes. Je demande à nos
dirigeants, notre société
et nos clients de nous
considérer. Aux médias,
de parler un peu de nous,

dans le bon sens. Il y a des beaux métiers dans la sécurité comme l'agent cynophile qui travaille avec amour, avec son chien. Métier en voie de disparition tant la formation coûte cher.

N'hésitez pas à m'envoyer vos mails afin d'échanger. Par contre, je ne répondrais pas aux insultes ou autres provocations. On peut ne pas être d'accord, mais il y a la manière pour le dire. Prenez soin de vous !!!

LEXIQUE

CHN : complément d'heures
normales payé à 100 %
HPN : heures perdues
normales : un agent qui a
fait 140 h au lieu de
151,7, payé 151,7 h, au
frais de la société.
HS semaine : au-delà de
44 h, payées au mois à
125 %

HS Modulation : au-delà
de 41 h jusqu'à 44 h,
payées à la fin de la
modulation.

Modulation : c'est le
fait de planifier au plus
près des 151,7 h par
mois. La modulation peut
être bimensuelle,
trimestrielle,
semestrielle ou annuelle.

1 prime panier pour un
service de 6 heures.
Heures de nuit : de 21 h
à 6 h, 10 % du taux
horaire.

1 prime d'habillage et
déshabillage.

Planning :

12 heures de repos entre les services
48 heures maximum du lundi, 0 h au dimanche 23 h 59
6 services d'affilés maximum pour 48 h maximum de travail.

Un week-end sur deux de repos.

Période de congés payés : du 1 er juin N au 31 mai N+1, à raison de 2,5 jours de cp par mois, soit 30 jours, cinq semaines. Un cp est posé du lundi au samedi, à 5,83 h, en centième par cp.

Heures effectives annuelles : 1607 h en

comptant les 7 heures de journée de solidarité. 175 H de CP

Ancienneté
- 2 % après 4 ans d'ancienneté dans l'entreprise ;
- 5 % après 7 ans d'ancienneté dans l'entreprise ;
- 8 % après 10 ans d'ancienneté dans l'entreprise ;
- 10 % après 12 ans d'ancienneté dans l'entreprise ;
- 12 % après 15 ans d'ancienneté dans l'entreprise

Annexe 7 : toute société reprenant un contrat client doit proposer la

reprise du personnel à
l'équipe en place, aux
mêmes   conditions
salariales des agents en
place. Ancienneté,
coefficient, congés payés
en   cours.

LES ÉVÉNEMENTS MARQUANTS

L'incendie   :
J'étais de nuit sur un

site de fabrication, de
grande marque,
d'électroménagers. Je
remplaçais le « gardien »
interne, à l'entreprise
qui était en
vacances. J'avais les
rondiers qui passaient
deux fois la nuit pour
ouvrir ou fermer le
site. En faisant une
ronde à vue, j'ai aperçu
le rondier qui avait vidé
sept extincteurs sur un
départ de feu au local
carton. Je venais de
faire ma formation,
équipier première
intervention, obligatoire
dans ma société. En effet,
en un seul extincteur,
j'avais réussi à éteindre
le feu, en agissant par
refroidissement, par le

haut du feu et non, à la base, comme le faisait le rondier qui dispersait les cartons incendiés. Les rondiers n'avaient pas eu cette formation.

L'intrusion

Sur un site à forte valeur ajoutée, dans ses produits, l'alarme se déclenche en plusieurs points visibles sur la centrale intrusion. Je ne cherche même pas à faire la levée de doute, mais j'appelle directement les forces de l'ordre, tout en leurs indiquant la position des intrus qui ont pris la fuite, sans butin. L'adrénaline et la peur sont présentes dans ces moments là, mais il faut toujours bien analyser et réfléchir avant une intervention. La première, toujours prévenir d'une situation. Se mettre en sécurité au poste et ne jamais ouvrir si la situation ne le demande pas. On peut discuter via une grille, une fenêtre, mais toujours laisser une protection entre vous et l'intrus. L'intrusion par ruse existe. Elle consiste à immobiliser l'agent avant le cambriolage donc avoir toujours un téléphone sur soi.

Le secours à personne

Quatre heures du matin, en service dans une fonderie ayant eu de nombreux accidents du travail

dernièrement, donc, la direction décide de faire appel à un agent de sécurité pouvant alerter et procurer les premiers soins. Dans le poste, trousse premiers secours, réfrigérateur.

Deux ouvriers arrivent dans le poste, un avec sa main gauche dans la droite et du sang partout. Après un instant de panique, j'ai fait mettre la main dans un sachet, avec dans un autre sachet des glaçons et j'ai mis la main au frigo. J'avais fait appeler les secours qui furent là en quinze minutes. Je leur remis le membre sectionné. Ces quinze minutes furent longues, car il fallait compresser la plaie et tenir éveillé le patient.

Quelques mois plus tard, le salarié pouvait se servir de sa main. C'est pour cela qu'il ne faut jamais hésiter à prendre des cours de secourisme, car un détail peut sauver des vies ou éviter des handicaps futurs.

Un film à voir, La loi du marché, avec VINCENT LINDON, de 2015.

ANNEXES

Ma première fiche de paie : 11 août 1990, paie de juillet 90.

En 33 ans, je n'ai jamais connu un retard de paie. Nous sommes payés le 11 du mois.

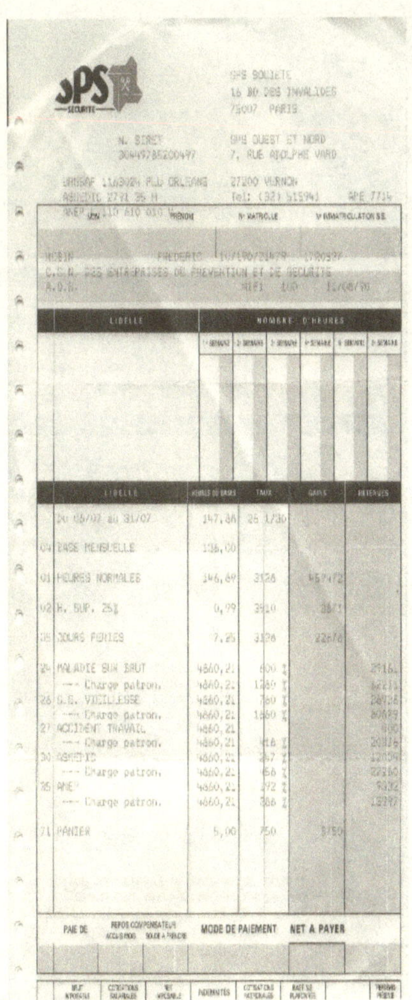

SPS SÉCURITÉ

SPS SOCIÉTÉ
16 BD DES INVALIDES
75007 PARIS

N. SIRET   9ME OUEST ET NORD
30449785200497   7, RUE ADOLPHE VARD

URSSAF 110302M PLD ORLEANS   27200 VERNON
ASSEDIC 2771 35 M   Tel: (32) 515941   APE 7714

NOM 113 A10 010 PRÉNOM	N° MATRICULE	N° IMMATRICULATION S.S.
ROBIN FREDERIC	10/186/31479	1780527

C.S.N. DES ENTREPRISES DE PREVENTION ET DE SECURITE
A.O.N.   NIF1   140   15/08/96

LIBELLE	NOMBRE D'HEURES					
	1ᵉ SEMAINE	2ᵉ SEMAINE	3ᵉ SEMAINE	4ᵉ SEMAINE	5ᵉ SEMAINE	6ᵉ SEMAINE

LIBELLE	HEURES OU BASES	TAUX	GAINS	RETENUES
Du 05/07 au 31/07	147,86	25 1/30		
04 BASE MENSUELLE	136,00			
01 HEURES NORMALES	146,69	3128	45972	
02 H. SUP. 25%	0,99	3910	387	
05 JOURS FERIES	7,25	3128	2268	
24 MALADIE SUR BRUT	4860,21	600 %		2916
---- Charge patron.	4860,21	1289 %		6265
28 S.S. VIEILLESSE	4860,21	780 %		24925
---- Charge patron.	4860,21	1660 %		80689
27 ACCIDENT TRAVAIL	4860,21			600
---- Charge patron.	4860,21	416 %		20216
30 ASSEDIC	4860,21	247 %		12004
---- Charge patron.	4860,21	456 %		22160
35 ANPE	4860,21	192 %		9332
---- Charge patron.	4860,21	386 %		18767
71 PANIER	5,00	750	3750	

PAIE DE	REPOS COMPENSATEUR		MODE DE PAIEMENT	NET A PAYER
	ACQUIS MOIS	SOLDE A PRENDRE		

BRUT N'POSSIBLE	COTISATIONS SALARIALES	NET IMPOSABLE	INDEMNITÉS	COTISATIONS PATRONALES	BASE SS PLAFONNÉE		TRANCHE PRISE

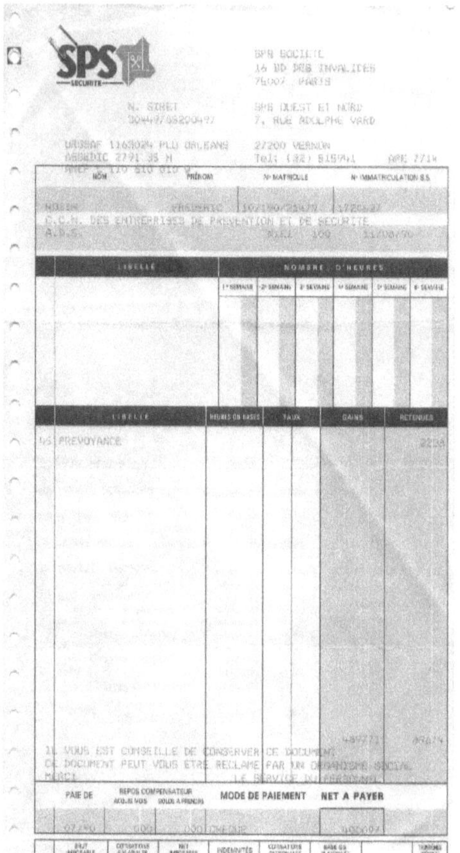

SPS SÉCURITÉ

SPS SOCIÉTÉ
16 BD DES INVALIDES
75007 PARIS

N. SIRET
30447052004?

SPS OUEST ET NORD
7, RUE ADOLPHE VARD

URSSAF 1163024 PLO ORLEANS
ASSEDIC 2791 35 M

27200 VERNON
Tel: (32) 51571?   APE 771?

NOM	PRÉNOM	N° MATRICULE	N° IMMATRICULATION S.S.
NGUEN	FREDERIC	1021?0/?1?7?	1720?3?

C.C.N. DES ENTREPRISES DE PREVENTION ET DE SECURITE
A.D.S.   NIEL   109   11/08/70

LIBELLE	NOMBRE D'HEURES					
	1° SEMAINE	2° SEMAINE	3° SEMAINE	4° SEMAINE	5° SEMAINE	6° SEMAINE

LIBELLE	HEURES OU BASES	TAUX	GAINS	RETENUES
S/S PREVOYANCE				22?A
			489771?	??4?4

IL VOUS EST CONSEILLE DE CONSERVER CE DOCUMENT
CE DOCUMENT PEUT VOUS ETRE RECLAME PAR UN ORGANISME SOCIAL.
MERCI   LE SERVICE DU PERSONNEL

PAIE DE	REPOS COMPENSATEUR		MODE DE PAIEMENT	NET A PAYER
	ACQUIS NOS	SOLDE A PRENDRE		
07/90	0.00	0.00	CHEQUE	?00.00?

BRUT IMPOSABLE	COTISATIONS SALARIALES	NET IMPOSABLE	INDEMNITÉS	COTISATIONS PATRONALES	BASE SS PLAFONNÉE		TERMES NÉGOCI

TABLE DES MATIÈRES

Je suis entré dans la sécurité, comme étudiant, voulant financer mes études. J'y suis resté et j'ai évolué dans un grand groupe. Trente-trois années de service. 12 000 entreprises, 186 000 salariés, 30 milliards € de Chiffre d'affaires. Originaire

des Andelys, en Normandie, mon
avenir est incertain dans la
sécurité. Un témoignage vrai, du
terrain …